Cultural Heritage of korea 90° Pop-Up

우리문화유산
90도 팝업

박석 지음

중앙에듀북스

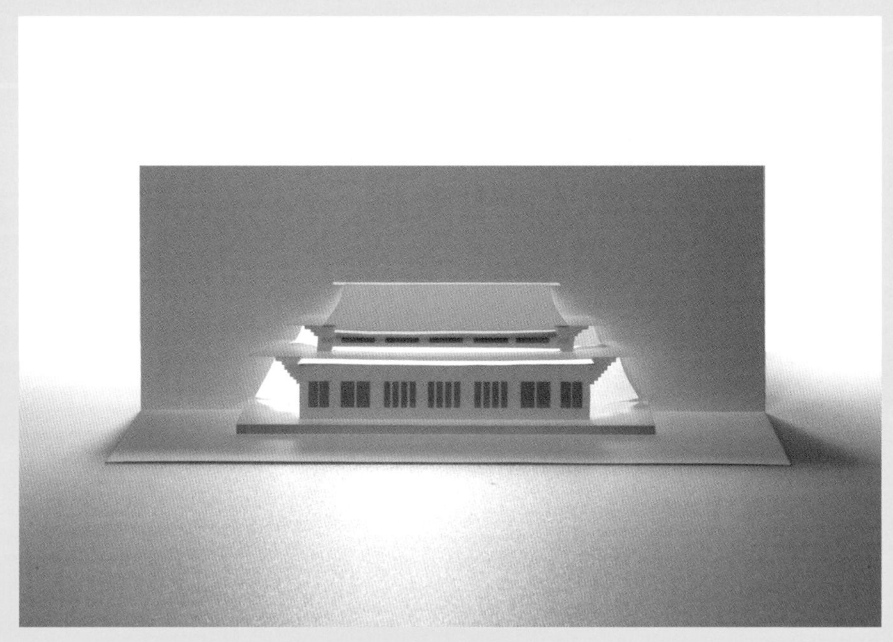

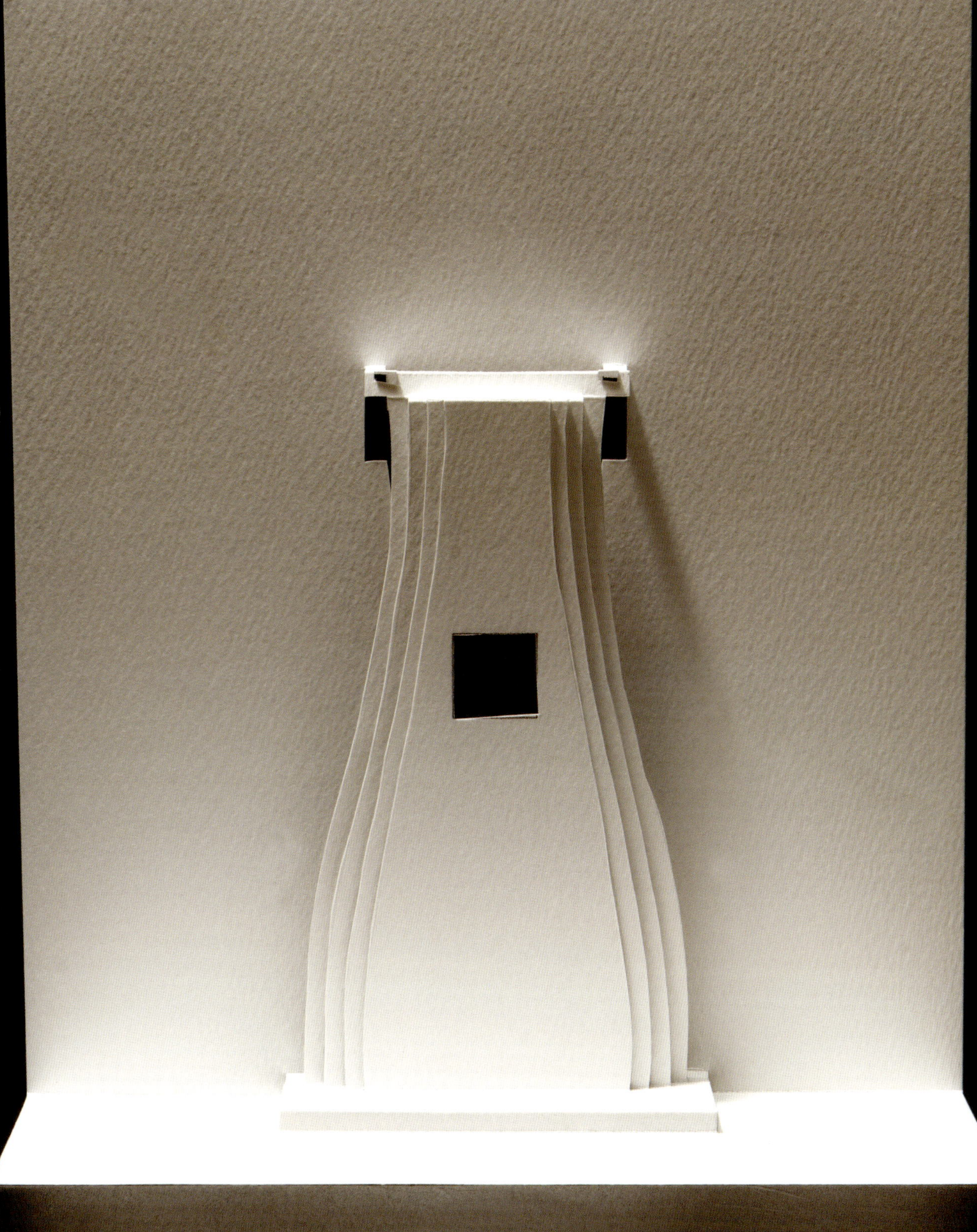

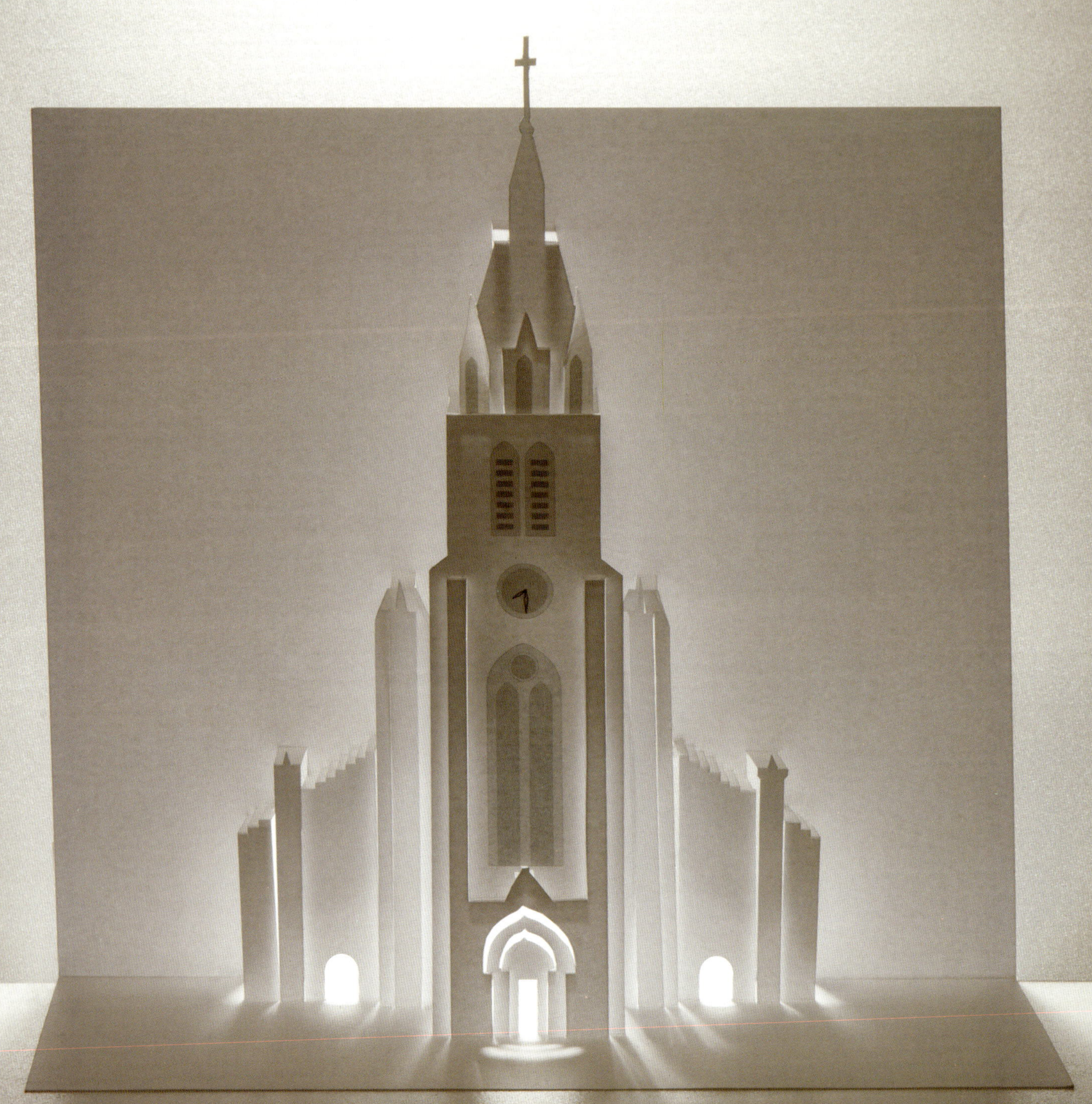

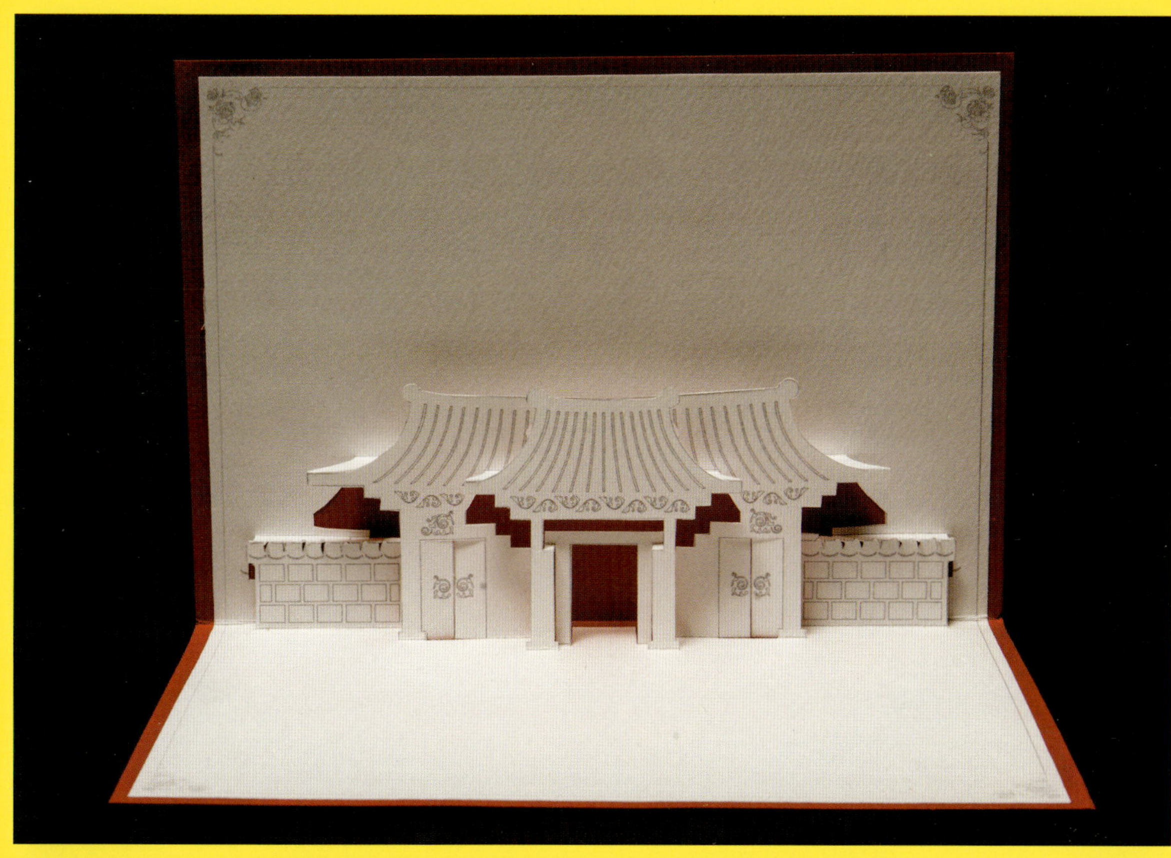

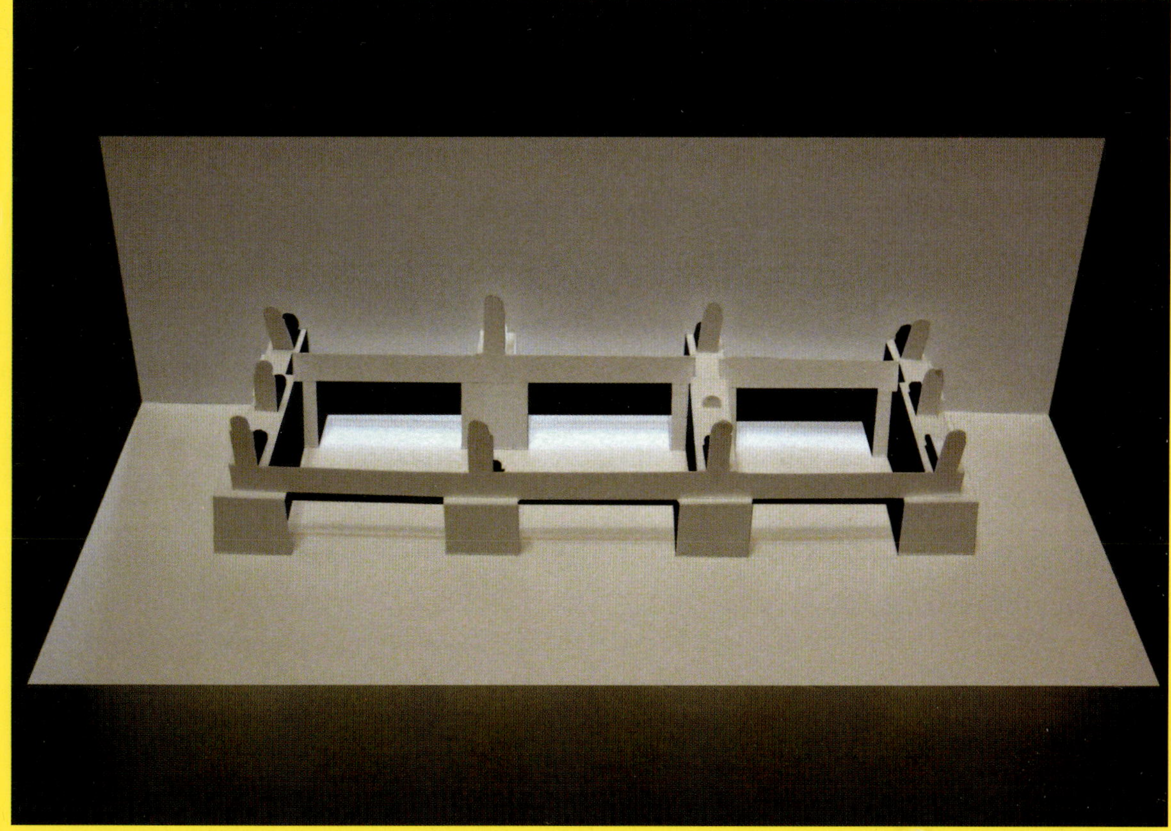

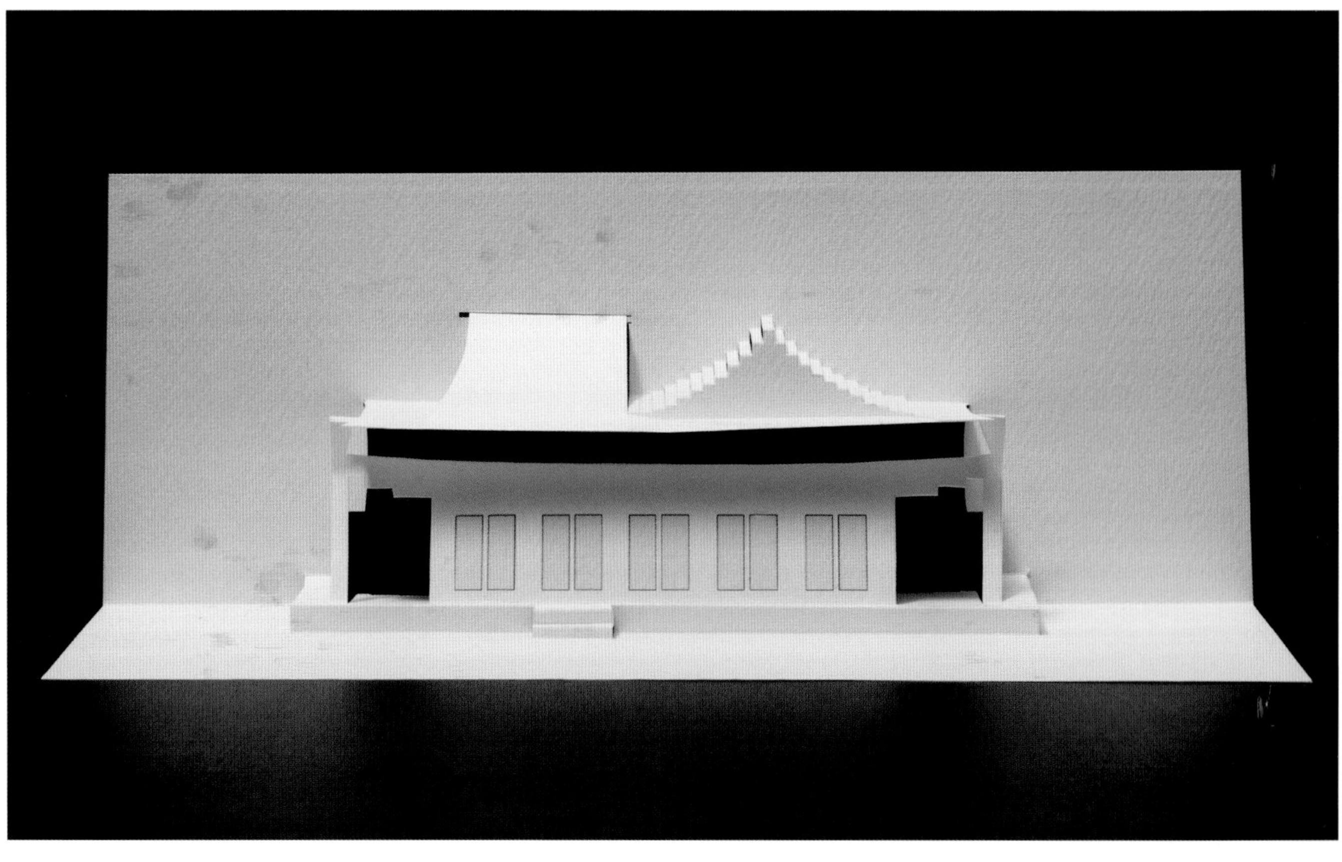

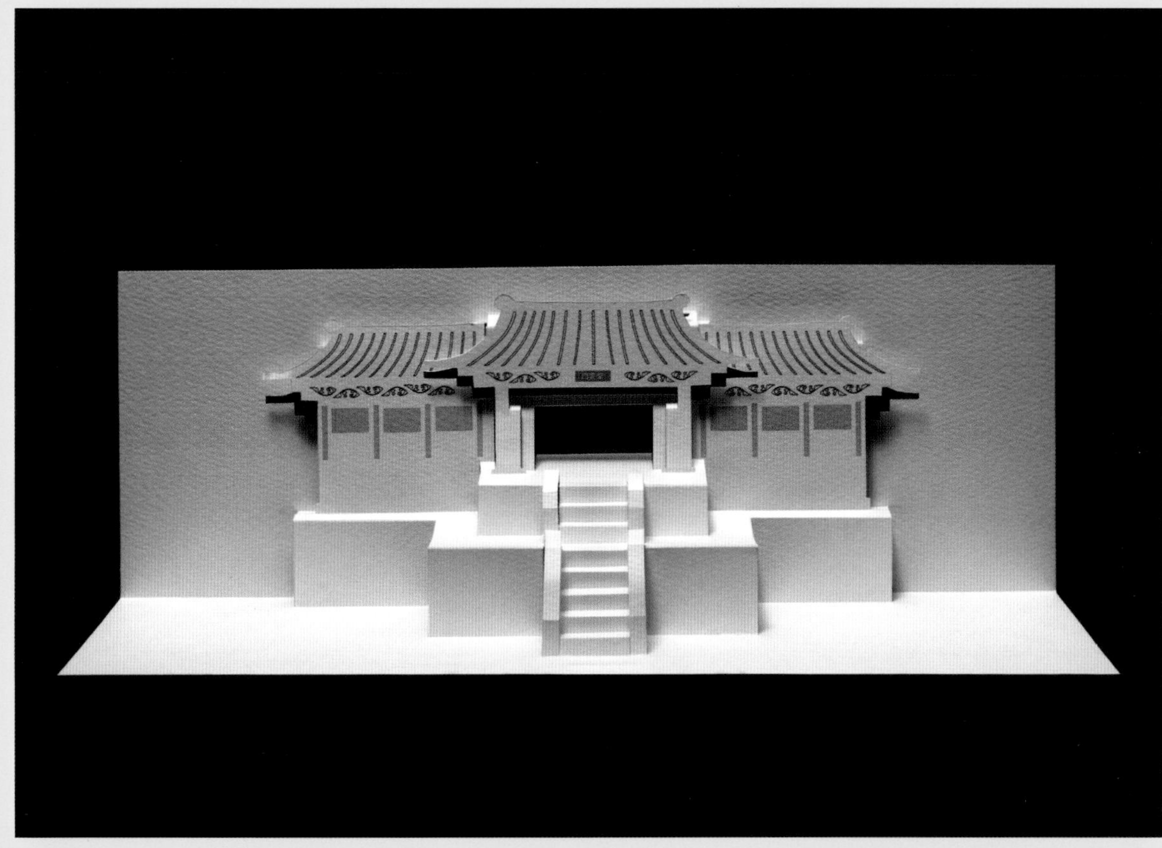

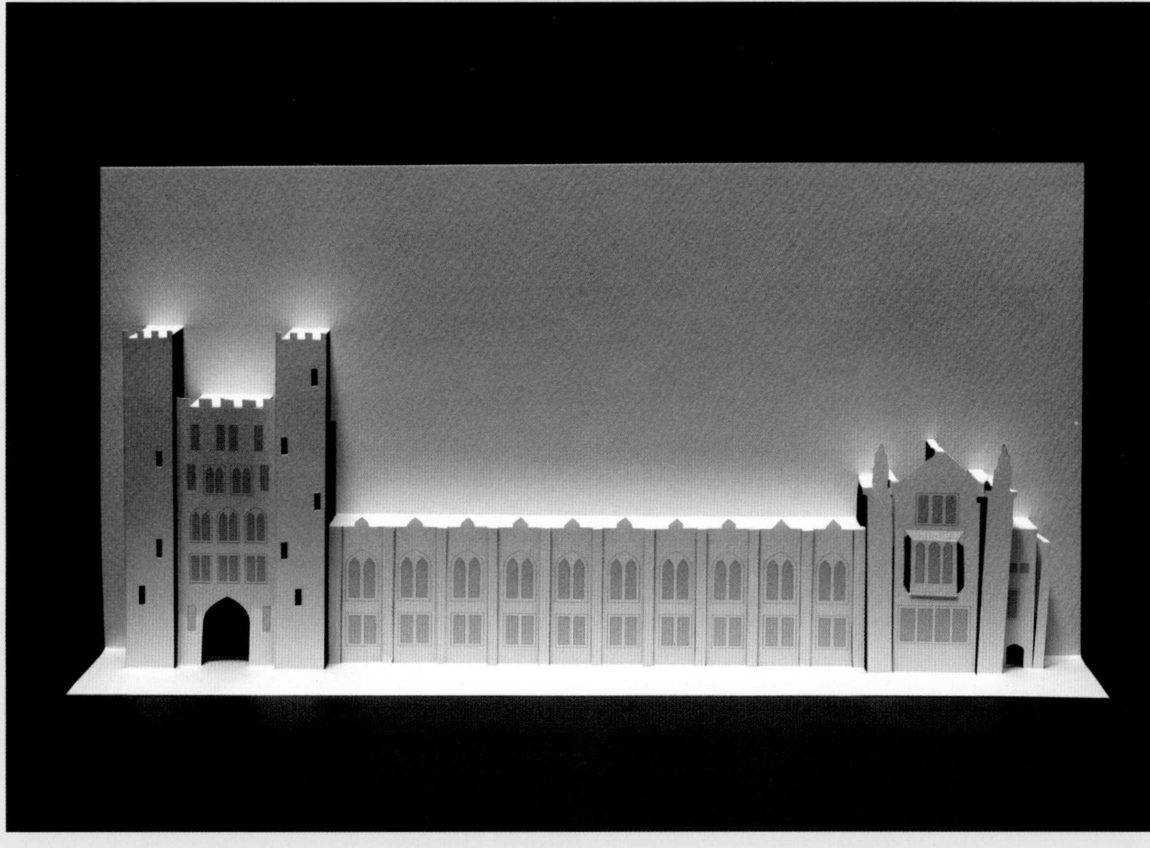

CONTENTS
POP UP ART BOOK

차례

1단계

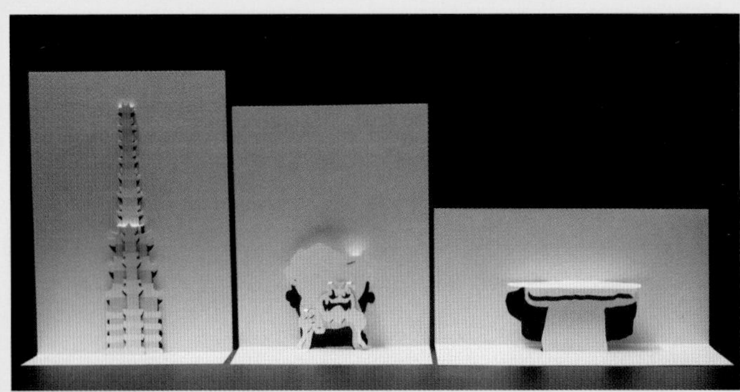

1단계

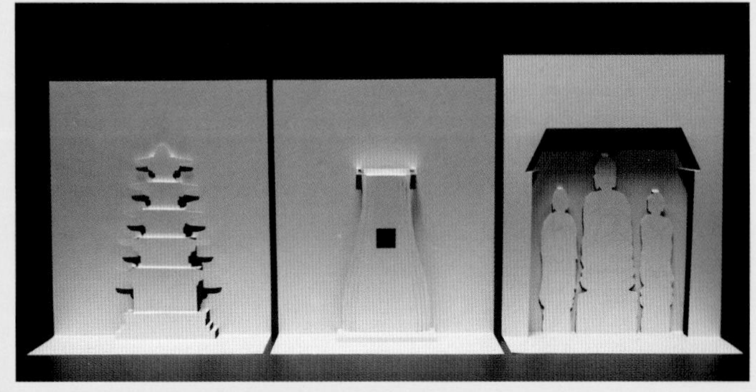

2단계

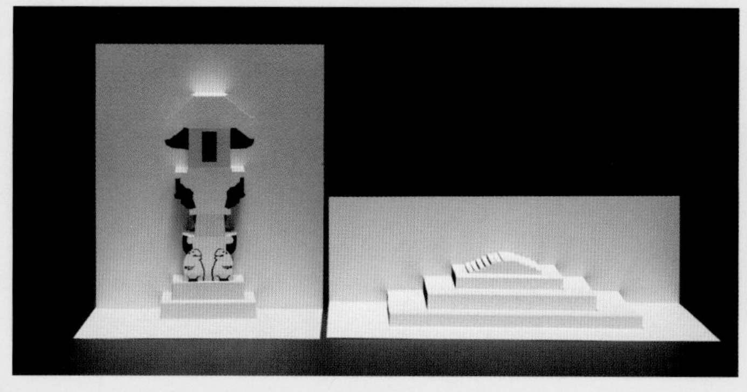

3단계

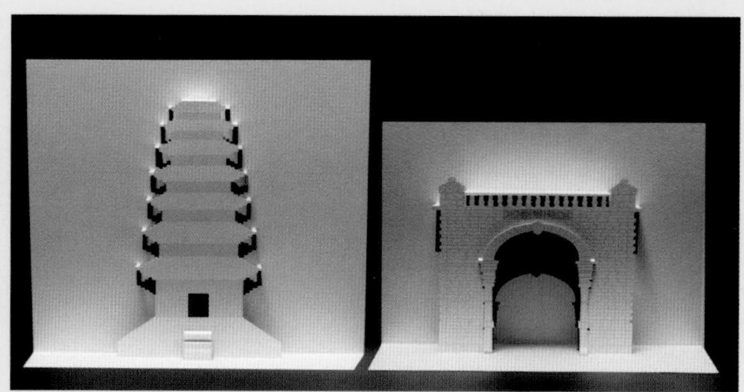

3단계

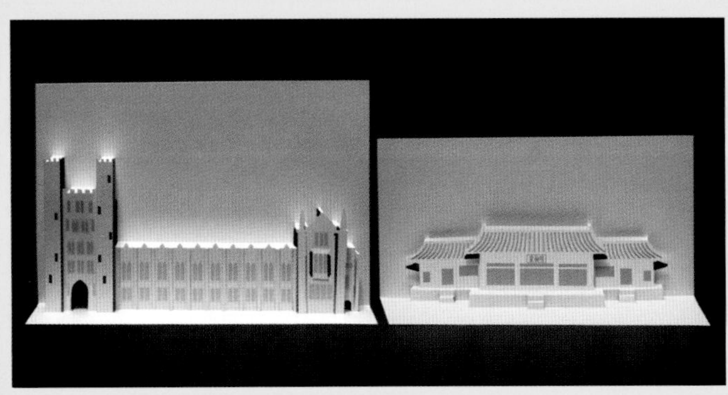

4단계

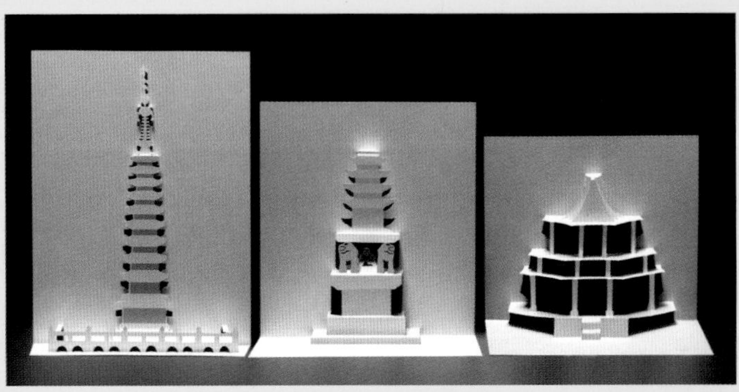

4단계

부록

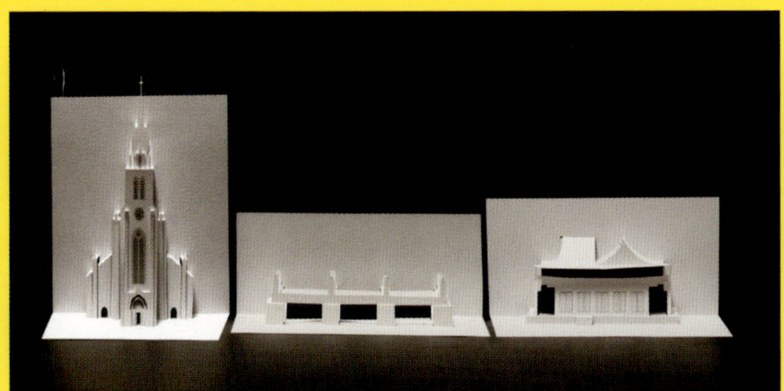

5단계

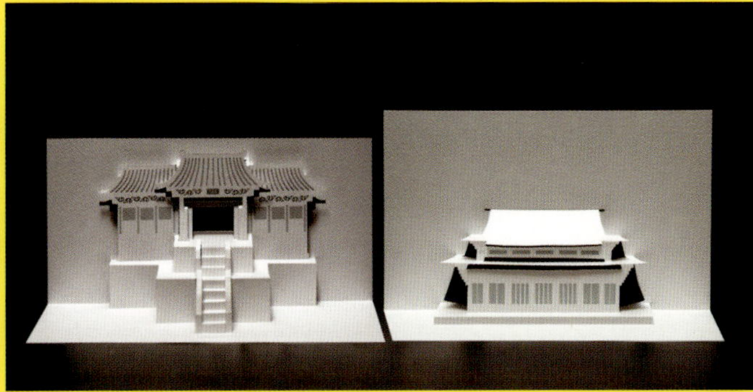

5단계

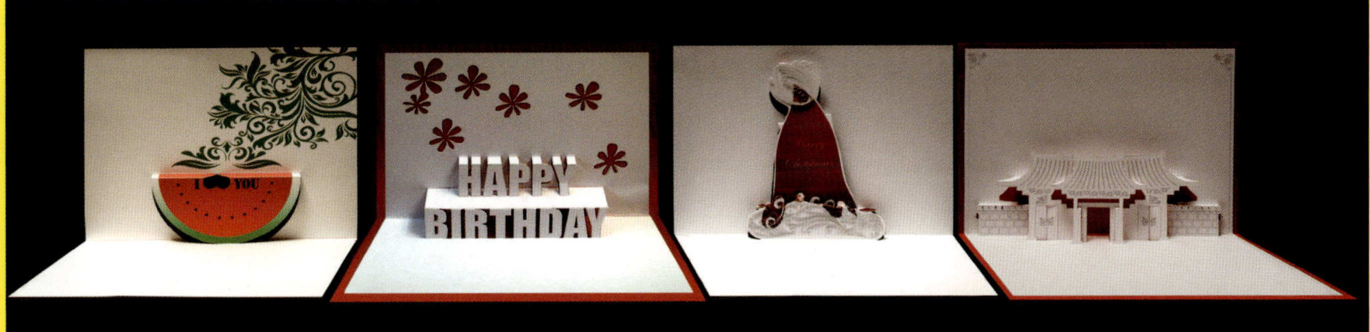

'축적되어 있는 데이터 중 가장 위에 있는 데이터를 꺼내는 것.' 사전적 의미의 팝업(Pop-Up)의 뜻입니다. '맨 위에 설정해 두었던 이미지가 사람을 깜짝 놀라게 하며 번쩍 튀어나온다'를 의미합니다.

우리가 잘 아는 컴퓨터상에서 팝업은 수시로 원래의 화면이 아닌 다른 창이 뜨는 것을 의미하기도 합니다. 하지만 종이접기에서 팝업은 조금 다릅니다. 90도, 180도, 360도 등 다양한 각도에서 튀어나와서 보는 이로 하여금 새로운 이미지를 만들어냅니다.

90도 팝업을 종이접기(origami)나 종이조각(paper sculpture)으로 보는 것은 올바르지 못합니다.

종이접기는 우리가 잘 아는 종이배, 종이비행기, 종이개구리 등이 여기에 속하며 요즘은 프라모델이나 캐릭터 등을 정밀하게 접는 고난도 분야도 있습니다. 종이조각은 가위, 풀, 칼 등을 이용해 종이를 새기거나 깎아서 입체 형상을 만드는 것을 말합니다.

90도 팝업은 종이를 컷팅하여 접기를 하는 것입니다. 따라서 종이조각이나 전체를 접기만 하는 종이접기와는 분명 차별됩니다.

최근에 들어와 잘 알려진 종이접기건축(Paper Architecture)은 1981년 일본의 건축학 교수 자타니 마사히로가 창시하여 붐을 일으켰고 강연과 전시를 통해 대중과 소통하였습니다. 건축물을 작은 사이즈로 만든다는 것은 건축물 전체를 이해하지 못하면 할 수 없을 뿐더러 구조양식도 충분히 이해해야만 가능합니다.

2차원 설계를 만들 건축가의 기술이 필요하고 각각의 레이어와 같은 각 단계마다의 상호관계가 있기 때문에 수학을 조금은 이해하는 부분도 필요합니다. 공간을 이해하는 또 다른 부분이지만 수학적 공식을 이해하면 쉽습니다.

외국에는 수학과 종이접기라는 과목이 있으며 그만큼 수학과 밀접한 관계가 있습니다. 90도 팝업에서 도안 단계는 수학에서 그래프 XY 두 개의 축을 이해해야 하고 완성된 팝업에는 그래프의 XYZ를 가지는 공간적인 3D를 이해해야 합니다. 즉, 2차원적인 도안작업에서 3차원적인 입체를 이해하며 도안을 만들어야 합니다.

도안 완성 후, 종이건축 작품을 만드는 것은 세부적인 자르기와 접기 조합으로 만들어집니다. 자르기 단계에서도 우선순위가 있습니다. 큰 덩어리 부분을 먼저 자르고 접고 난 후에 창문과 무늬 같은 작은 부분을 잘라야 작업을 쉽게 할 수 있습니다.

또한 접는 방법도 정면으로 바라보고 접으면 접기가 어렵고 뒤쪽에서 밀어주면서 접으면 쉽게 할 수 있습니다. 종이를 접는 것은 종이의 휨 정도를 이용한 것이기 때문에 한 번에 하기보다는 여러 번 나누어서 접어야 종이의 특성을 이용할 수 있습니다.

팝업의 기본이 되는 90도 팝업은 절제된 미학입니다. 다른 종이를 붙이거나 곁들여서 하는 것이 아니라 종이 한 장만을 이용해 하는 작업이기에 전체를 계산된 조형성에 맞추어야 합니다.

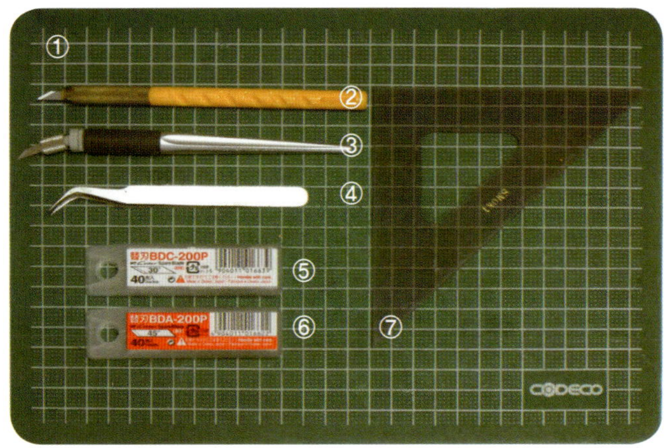

❶ 커팅매트(고무매트) 원고나 화판의 커팅 작업시에 주로 사용됩니다. 칼날의 미끄럼이 방지되어 좋습니다. 크기는 A2, A3, A4의 세 종류가 있습니다.

❷ 직선칼 일반적으로 쓰는 커터칼보다 더 정교하게 자를 수 있으며 칼날의 교체도 쉽게 할 수 있습니다. 칼날의 각도에 따라 정교함을 더 살릴 수 있는데 45도보다는 30도 칼날이 예리하여 조심스럽게 사용해야 하지만 잘만 사용하면 정밀한 작업에 효과적입니다.
또한 칼등을 이용하여 자르는 곳이 아닌 접히는 부분에 그어주면 종이를 눌러주어서 쉽게 접히는 부분을 처리할 수 있습니다. 처음 종이 커팅을 하다보면 커터를 잡는 손끝에 힘이 잔뜩 들어가 물집이 생기는 수가 있으니 힘조절이 중요합니다.

❸ 곡선칼 곡선을 자를 때 자연스럽게 잘라내는 칼입니다. 곡선을 자를 때 직선칼을 사용하면 손목의 힘을 많이 주어야 하며 위치를 계속 바꾸어 주어야 하지만 곡선칼을 사용하면 부드럽게 선을 만들어줍니다.
하지만 이 칼도 처음에는 손에 익지 않으면 칼의 위치를 가늠하기가 쉽지 않아 정교하게 작업할 수 없습니다. 손에 익으려면 오랫동안 사용하여야 합니다. 이 칼을 잘 쓰면 직선도 유용하게 사용할 수 있습니다.

❹ 핀셋 핀셋은 손이 하지 못하는 작업을 할 수 있습니다. 작은 도형을 접을 때나 뗄 때 손가락으로는 정밀한 작업을 할 수 없지만 새의 부리모양을 한 핀셋이 대신할 수 있습니다. 핀셋의 종류에는 0도 핀셋과 35도 핀셋 그리고 부리의 모양에 따라 새부리모양 핀셋과 너구리부리모양 핀셋이 있습니다.
0도 핀셋은 직접 보이는 부분에 작업할 수 있는 일자형 핀셋이고, 35도 핀셋은 바로 보이지 않고 안으로 구부려서 들어가야 할 곳에 적합합니다. 새부리모양 핀셋은 도안을 뗄 때나 아주 작은 부분을 접을 때, 너구리부리모양 핀셋은 넓은 면적에 힘을 받아야 할 때 적합합니다.

❺ 30도 칼날 칼날이 예리하여 정교한 작업에 적합하지만 작업시 매트에 잘 끊어지기도 합니다.

❻ 45도 칼날 일반적으로 쓰고 있는 칼날이며 처음 시작하는 사람은 이것을 사용하여 손에 익히는 것이 좋습니다.

❼ 투명삼각자 투명삼각자는 막대자에 비해서 손으로 지탱하기가 편하고 투명하여 밑그림을 볼 수 있어서 위치잡기가 쉽습니다.
또한 직각으로 계속 작업해야 할 경우에 보조 삼각자만 있으면 쉽게 할 수 있습니다.
아쉬운 점은 플라스틱이다 보니 칼자국이 쉽게 납니다. 하지만 이 자국이 많을수록 열심히 했다는 영광의 상처입니다.

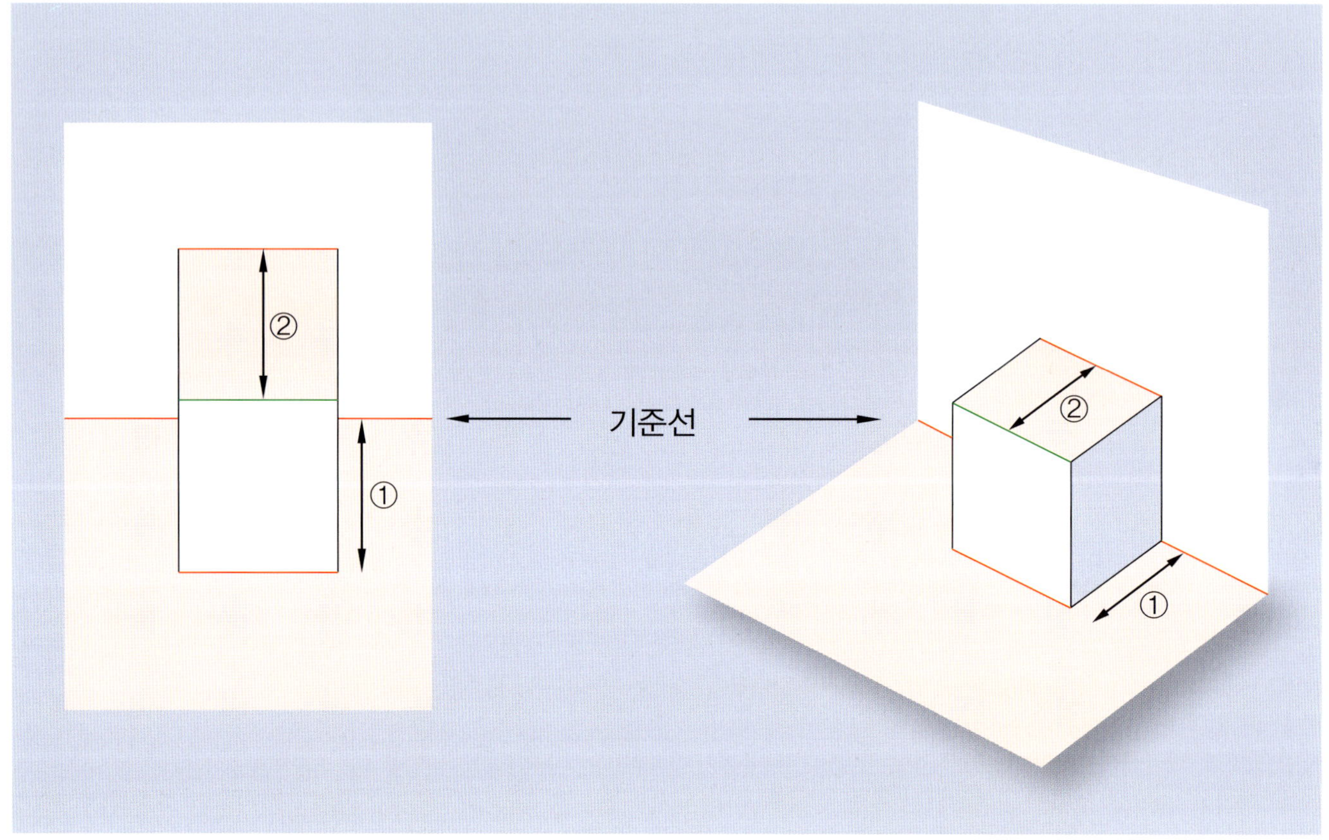

평면 도안 완성된 90도 팝업

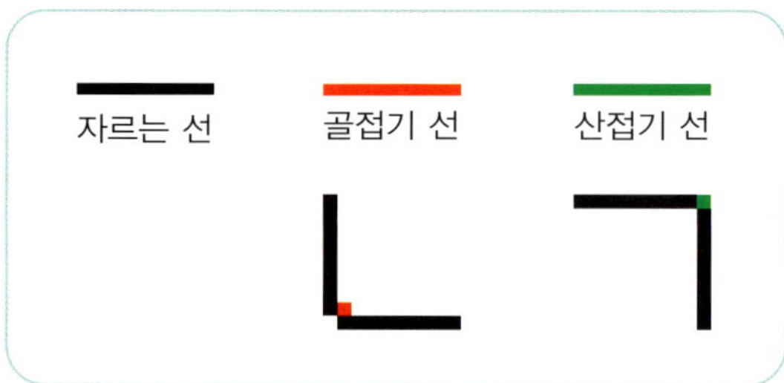

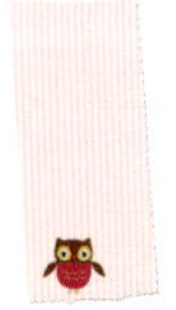

평면 도안의 기준선은 종이의 절반이 접혀지는 골접기 중심선입니다. 화살표 ①과 ②는 그 길이가 같아야 합니다.
화살표 ①은 바닥면과 맨 앞으로 오는 형태가 맞닿는 곳과 기준선까지의 거리입니다. 화살표 ②는 배경면과 맨 앞으로 오는
형태가 맞닿는 곳과의 거리입니다.
완성된 90도 팝업을 보면 ①과 ②가 같아야 전면에 돌출된 형태가 유지할 수 있다는 것을 알 수 있습니다. 이것이 가장
기본이 되는 팝업의 원리입니다. 수학의 그래프로 보면 ①과 ②는 XYZ에서 Z에 해당하는 길이입니다.

기본원리

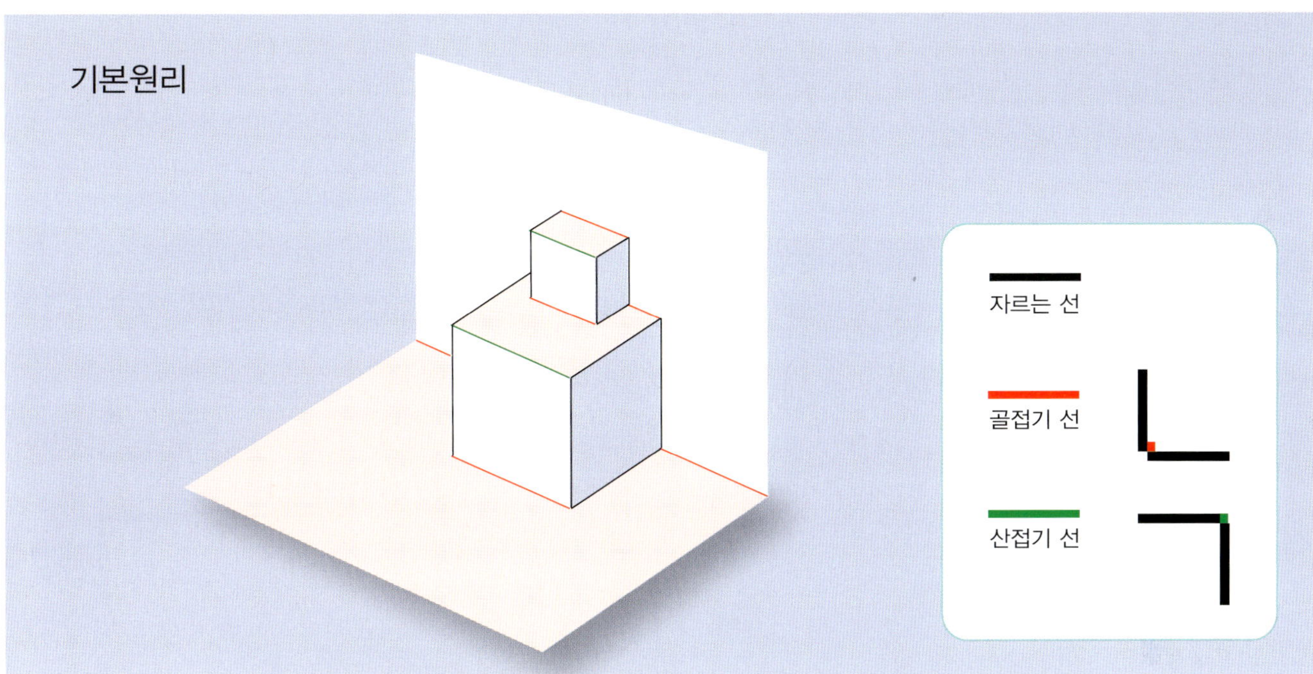

사용 예

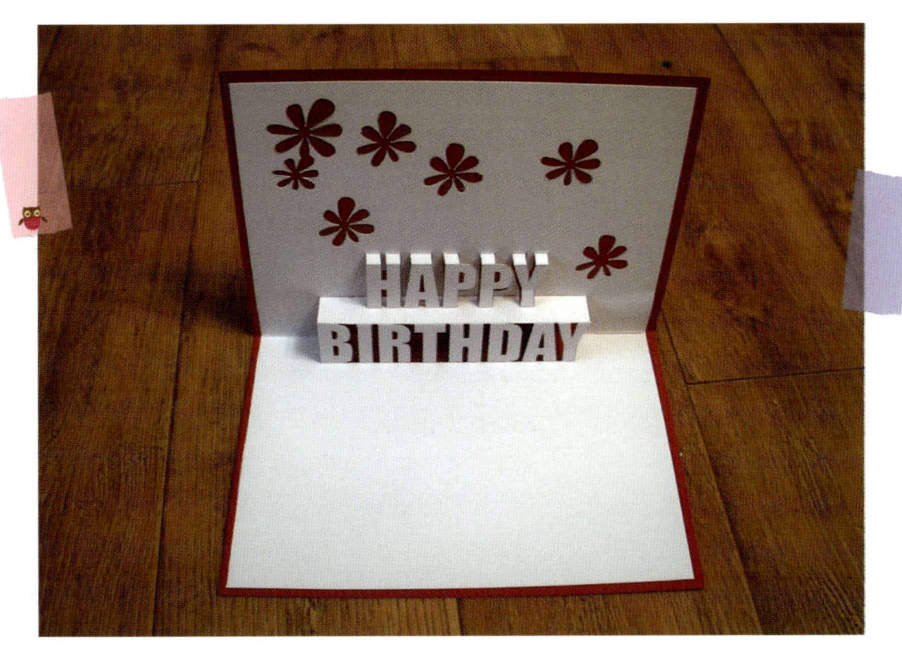

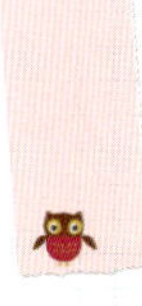

팝업의 기본이 되는 첫 단계를 똑같이 한 번 더 반복한 모습입니다. BIRTHDAY라는 기본 레이어에 HAPPY라는 레이어가 하나 더 올라가 있습니다.

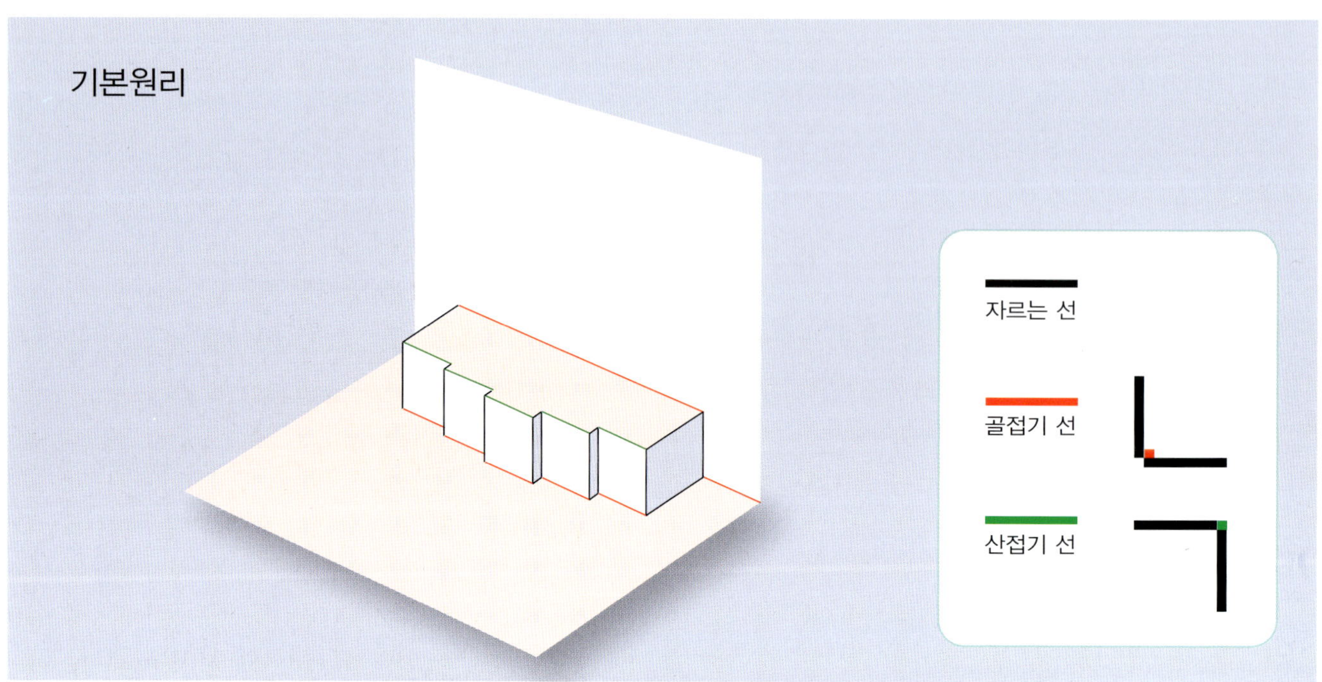

사용 예

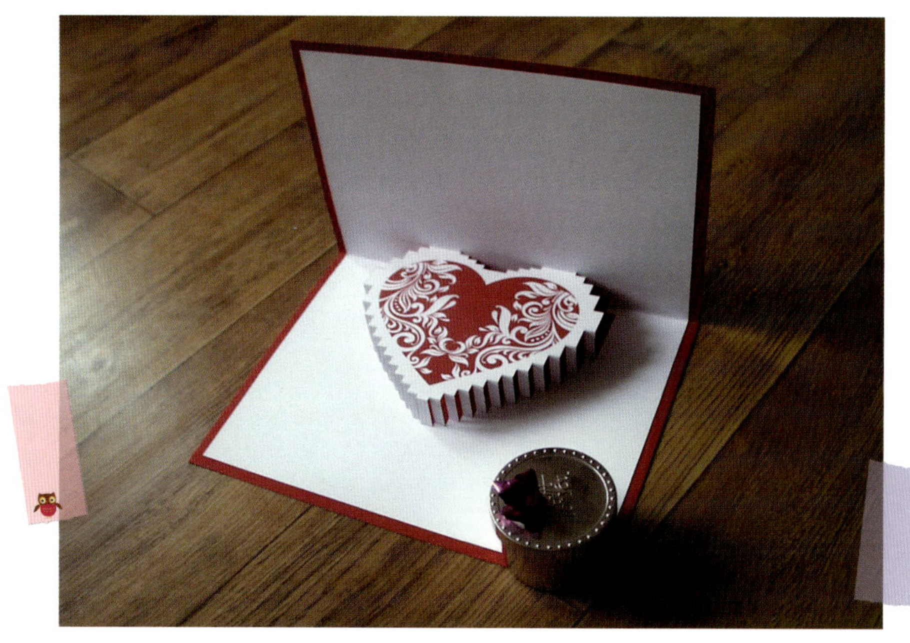

팝업의 기본이 되는 첫 레이어를 길이만 다르게 해 반복하면서 하트의 조형성을 만들어가는 팝업입니다. 높이는 유지하고 첫 레이어의 조형성을 만드는 것입니다.

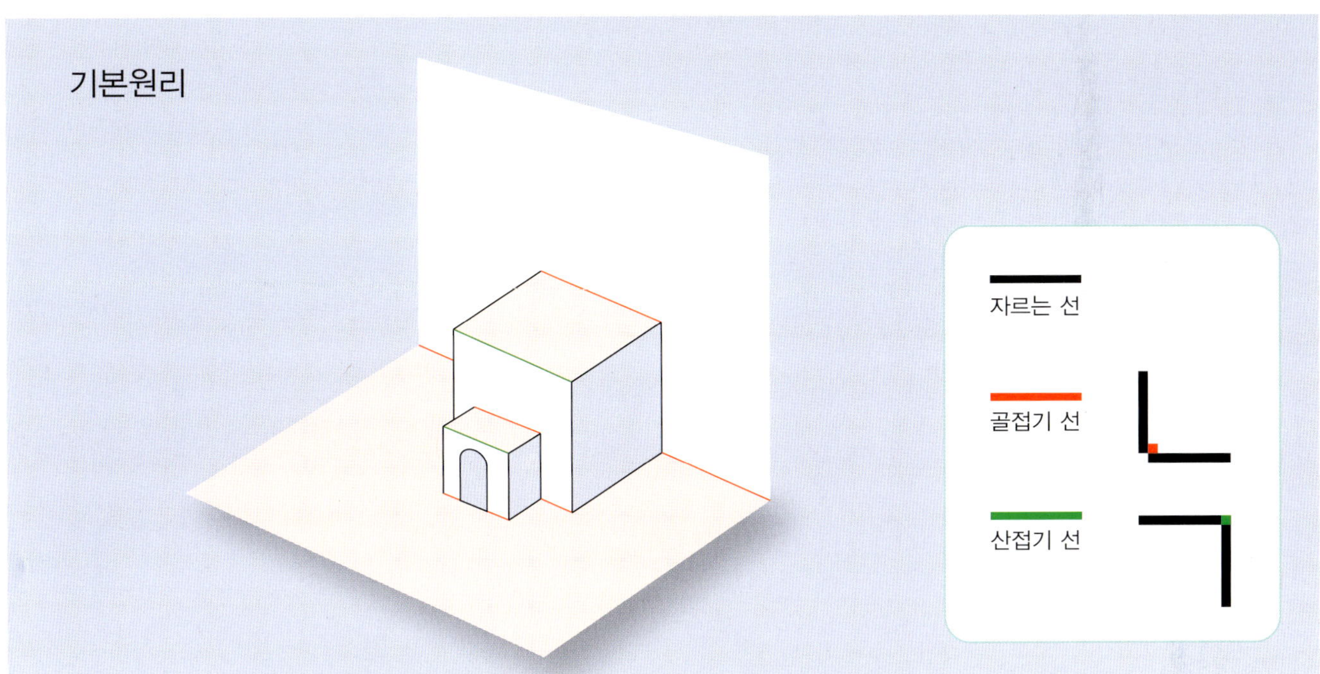

사용 예

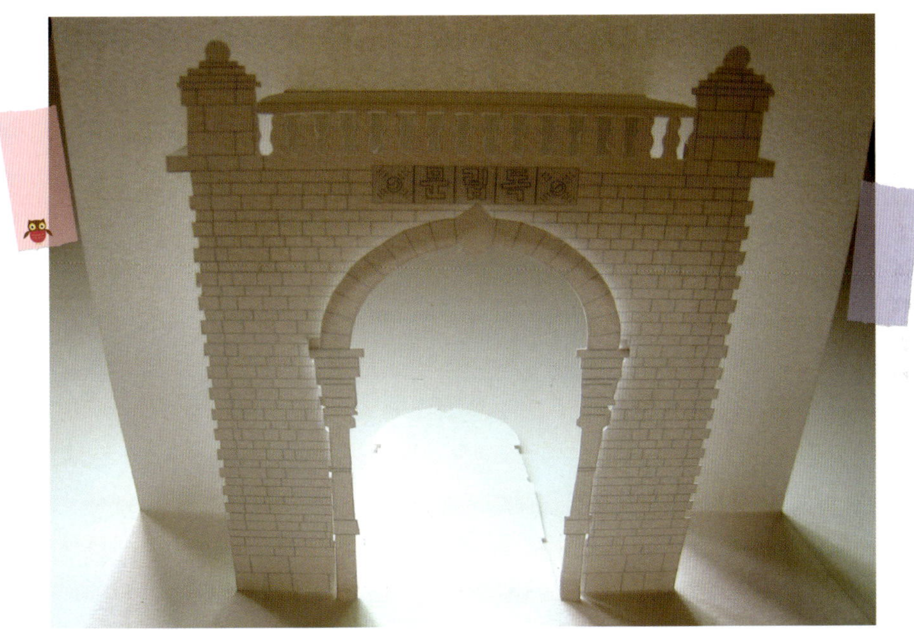

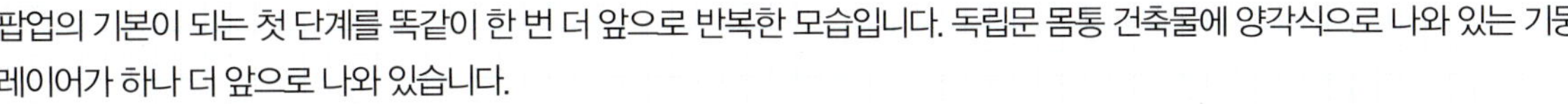

팝업의 기본이 되는 첫 단계를 똑같이 한 번 더 앞으로 반복한 모습입니다. 독립문 몸통 건축물에 양각식으로 나와 있는 기둥 레이어가 하나 더 앞으로 나와 있습니다.

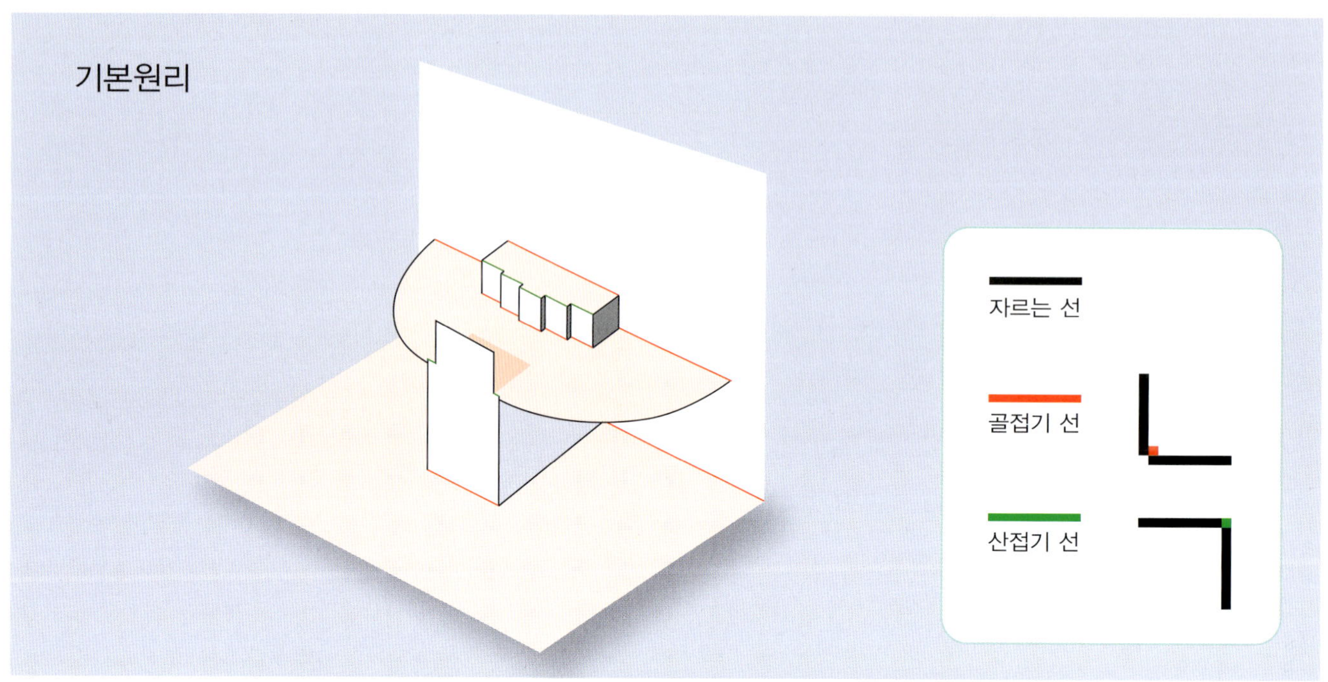

사용 예

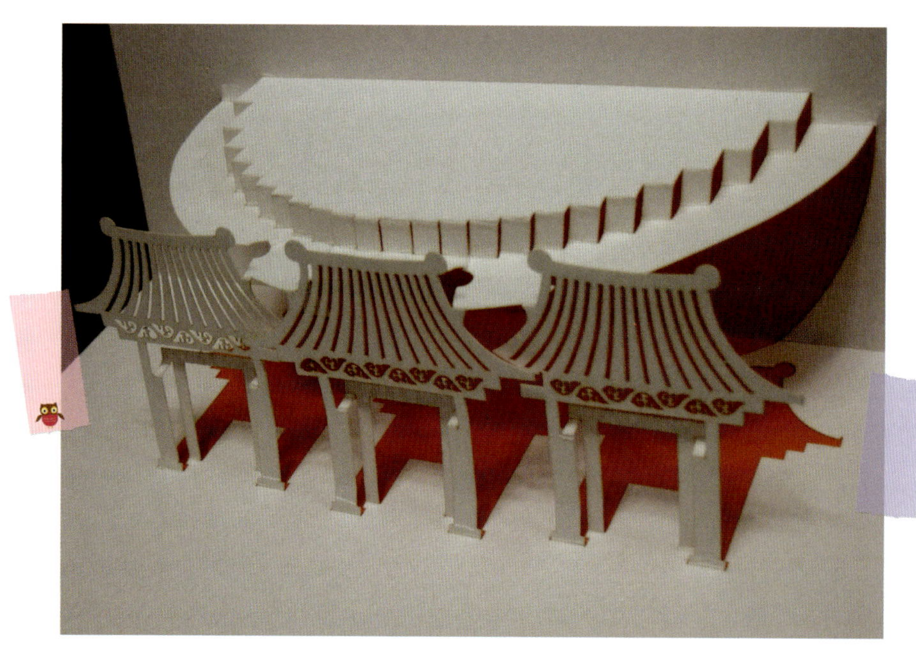

팝업의 기본이 되는 첫 레이어는 둥근 반원의 지붕과 기와기둥이 맨 앞의 조형을 지탱하고 있으며 둥근 반원의 지붕이 한 번 더 반복된 형태입니다. 맨 앞에 기둥기와는(3개가 반복된) 복잡해 보이지만 그냥 단면이고 대문은 안으로 들어간 모습입니다. 외형이 복잡해 보이지만 원리를 보면 단순한 형태에서 나온 것입니다.

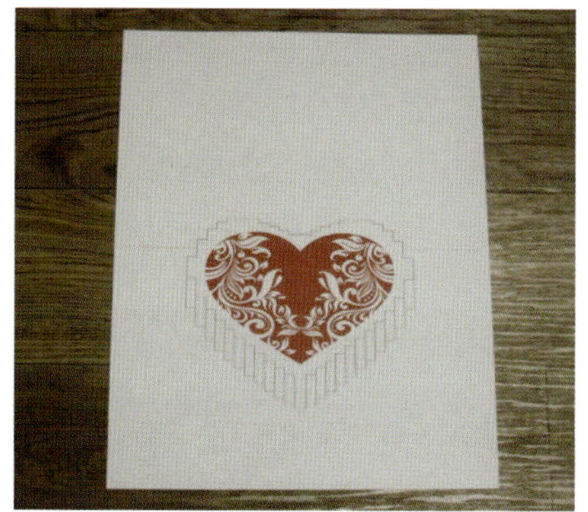

01 도안을 준비합니다.

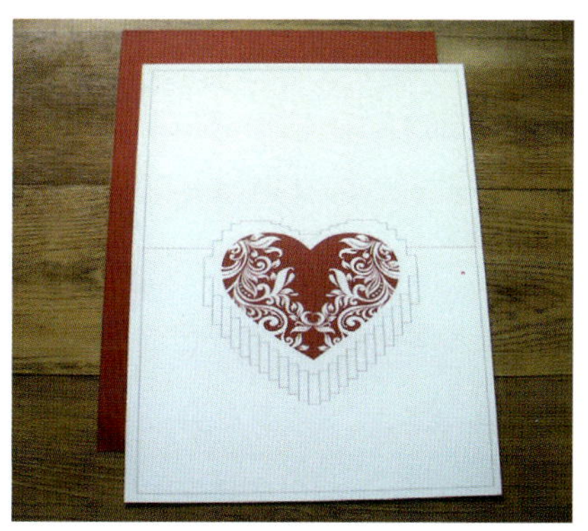

02 색지와 도안(종이 180g 이상)입니다. 둘 다 A4지 똑같은 사이즈로 준비하세요. 도안종이 가장자리를 5mm 정도 안쪽으로 테두리 선을 그어주세요.

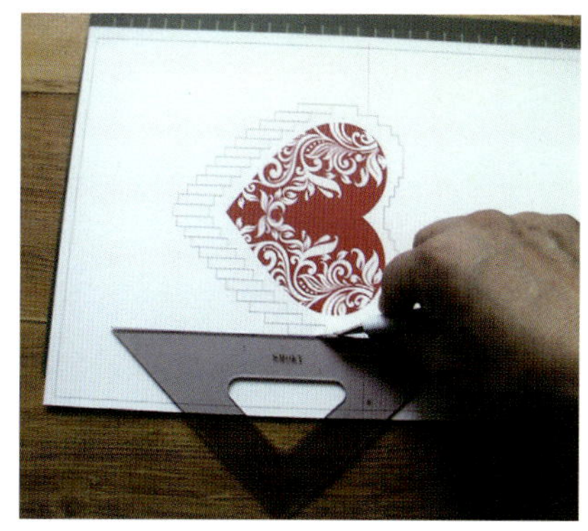

03 검은색 선으로 된 부분을 삼각자와 칼로 잘라줍니다. 커터 칼날은 두 가지가 있는데 각도가 더 예리한 게(30도 칼날) 더 정교하게 작업할 수 있습니다.

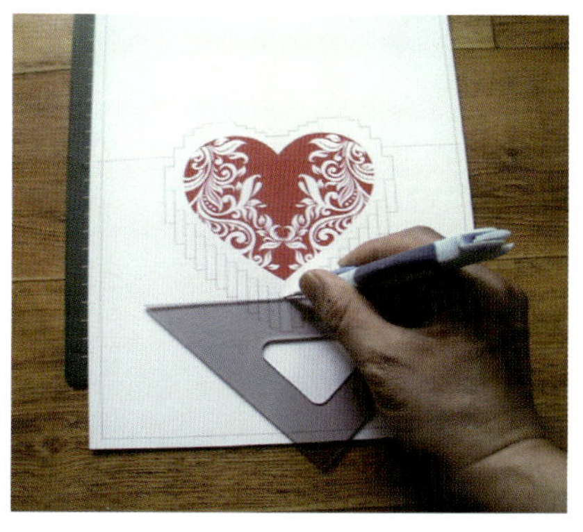

04 빨간색(골접기)과 초록색(산접기) 부분을 칼등으로 그어줍니다.

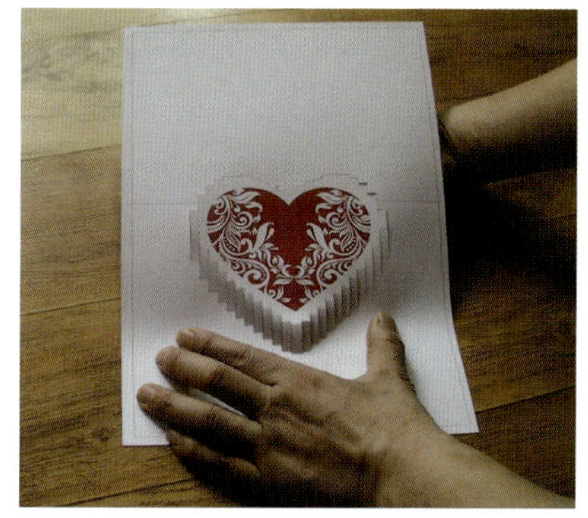

05 앞부분을 받치고 뒤에서 살짝 밀어주기를 반복하세요. 한 번에 하려 하면 무리가 가서 잘 안 됩니다. 여러 번 반복해야 깔끔하게 됩니다. 이것도 중요한 작업입니다.

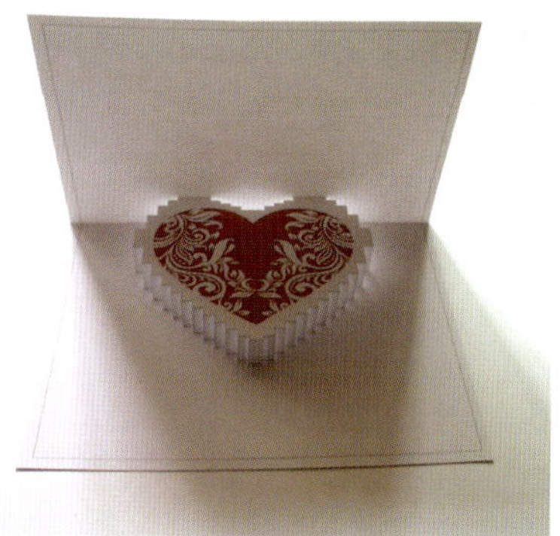

06 완성된 도안종이입니다. 앞에서 그렸던 내부 테두리 선을 잘라주세요.

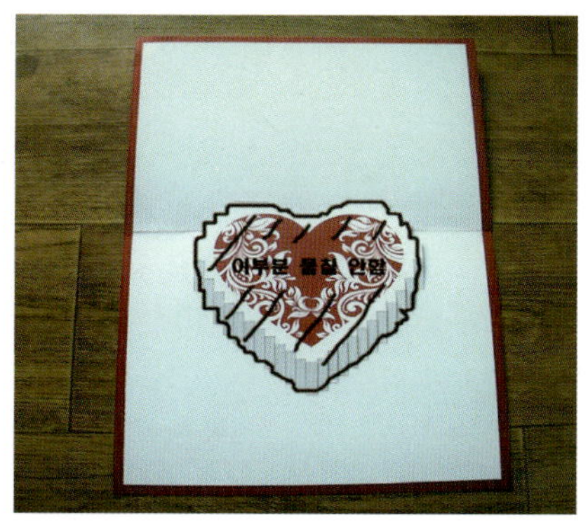

07 도안종이와 색지를 접착제를 이용해 붙입니다. 단, 가운데 하트문양이 있는 뒷면에는 접착제를 사용하지 마십시오.

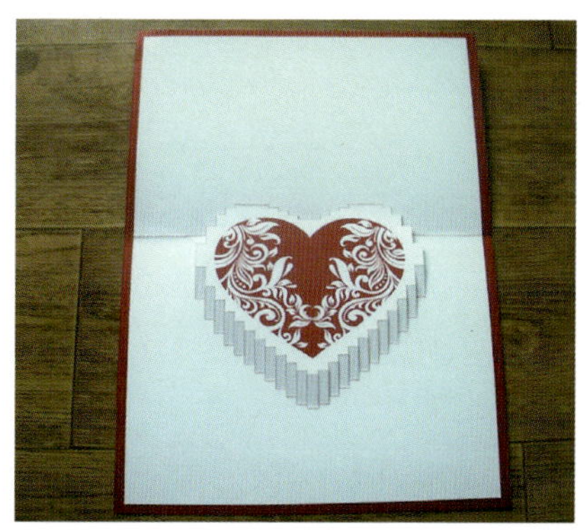

08 도안종이와 색지를 합친 것입니다. 하트 형태가 조금은 떠 보입니다.

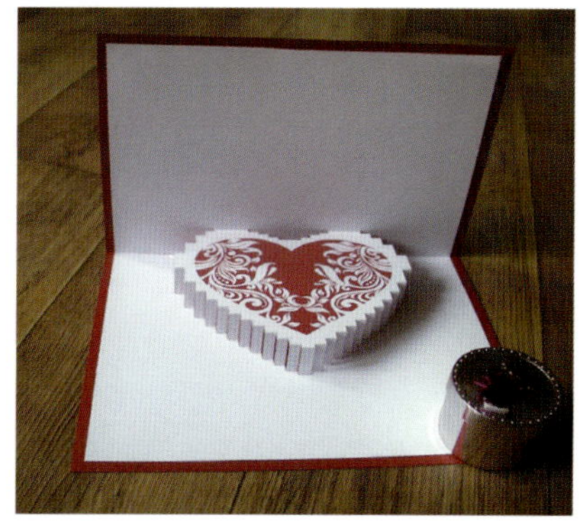

09 90도로 세우거나 완전히 접어도 무리 없이 접히게 됩니다.

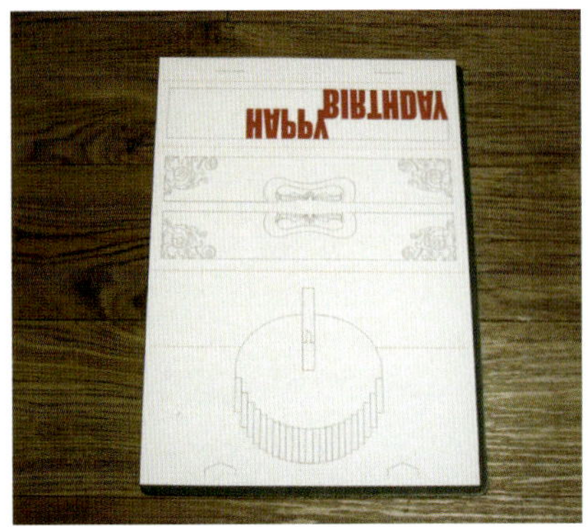

01 도안(종이 180g 이상)을 준비합니다.

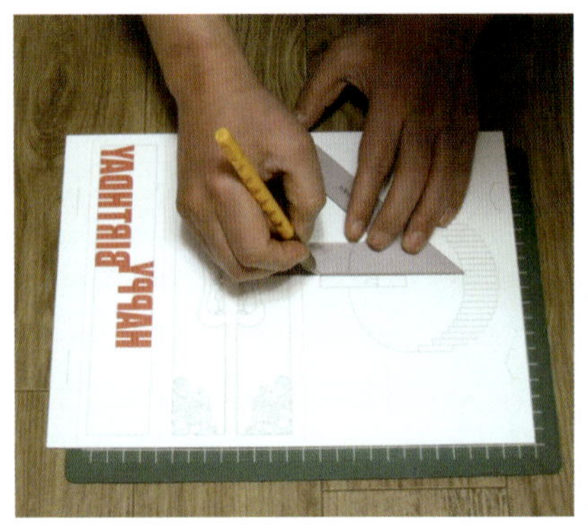

02 먼저 케이크 부분 중 검은색 선 부분을 칼과 자를 이용해 자릅니다.

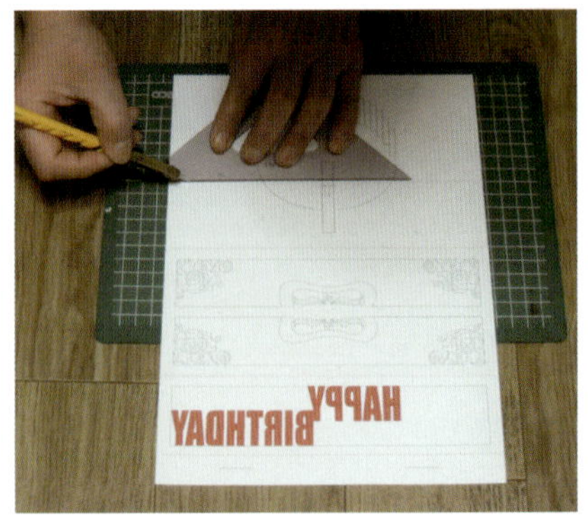

03 빨간색(골접기)과 초록색(산접기) 부분을 칼등으로 그어줍니다.

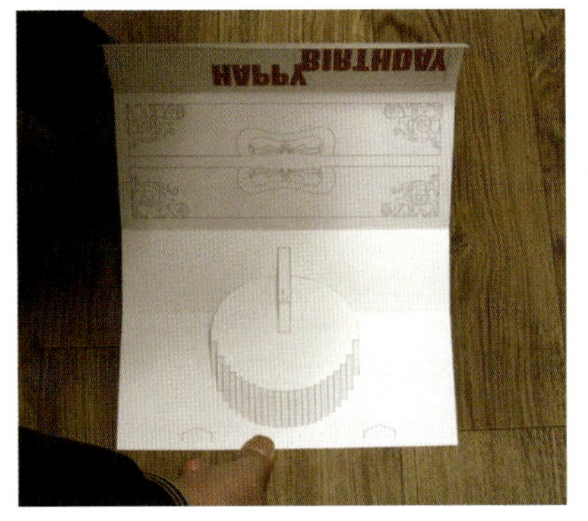

04 칼등을 이용해 가로로 된 사각형태를 먼저 그어서 그 형태를 접어줍니다. 그래야 전체적으로 힘이 고루 분배됩니다. 그리고 케이크 부분을 뒤에서 밀어주면서 형태를 만들어줍니다.

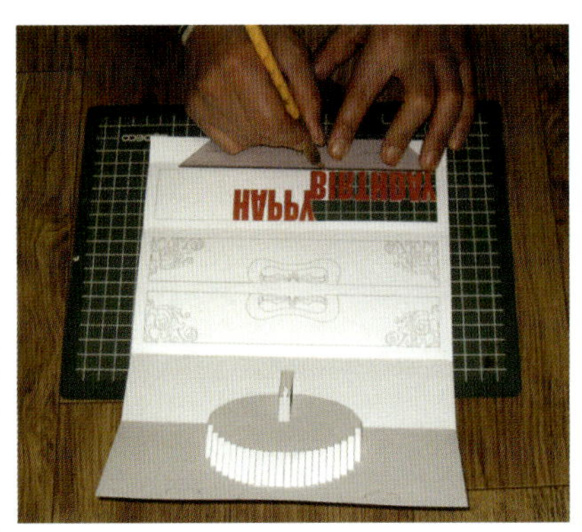

05 케이크와 사각형태를 먼저 접어준 후 글씨가 있는 부분을 큰 덩어리부터 작은 부분까지 잘라줍니다.

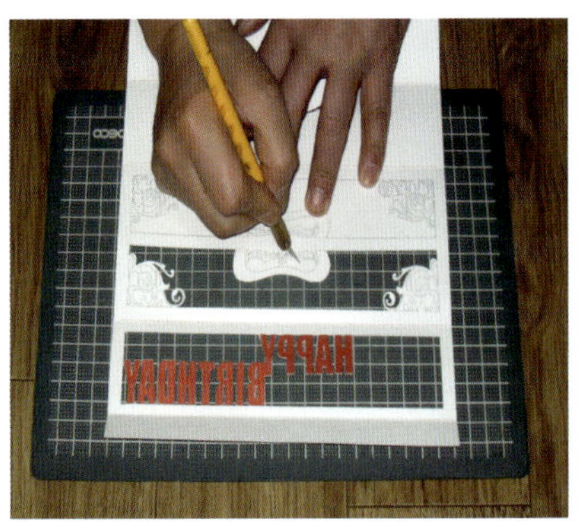

06 글씨를 다 오린 다음 상자의 윗부분에 해당하는 무늬를 오립니다.

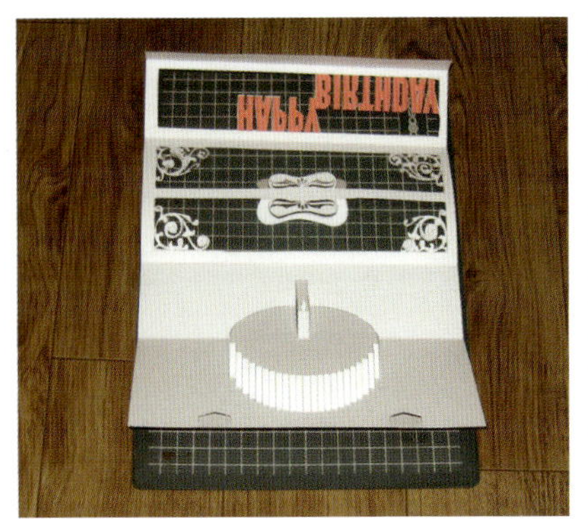

07 컷팅이 완성된 모습입니다.

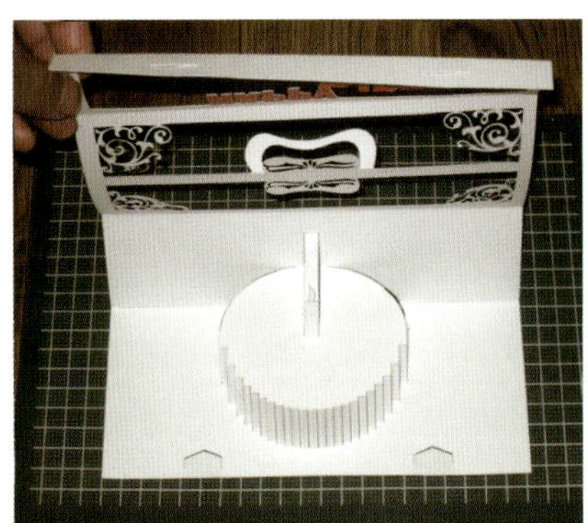

08 먼저 케이크를 접어준 다음 사각형태의 박스모양을 접습니다.

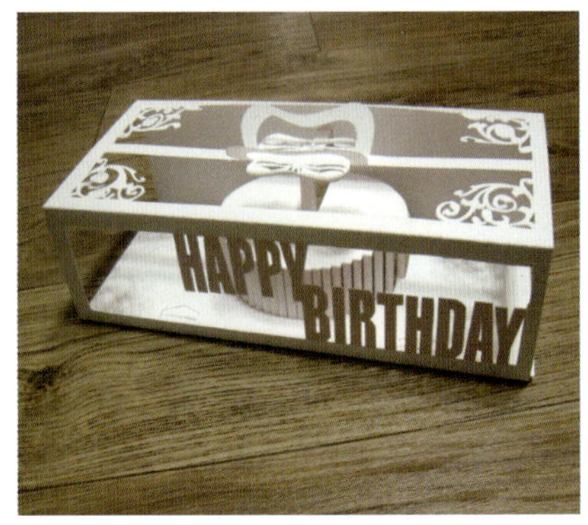

09 완성된 케이크 상자입니다.

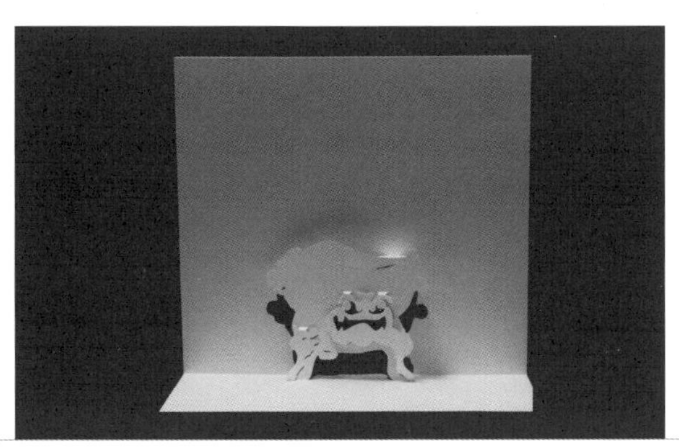

1 | 국보 제145호 | **귀면청동로**

국립중앙박물관에 있는 고려시대의 귀면청동로는 높이 12.9cm로 솥 모양의 몸체(훈구부)를 받침부(기대부)가 받치고 있는 모습이며, 몸체에 도깨비 얼굴을 형상화시켜 놓았다. 모양은 향로와 비슷하지만 몸체에 바람이 들어가는 통풍구를 뚫은 것이 풍로나 다로(茶爐)로 사용된 듯하다.

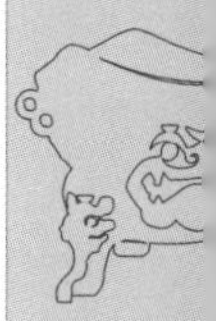

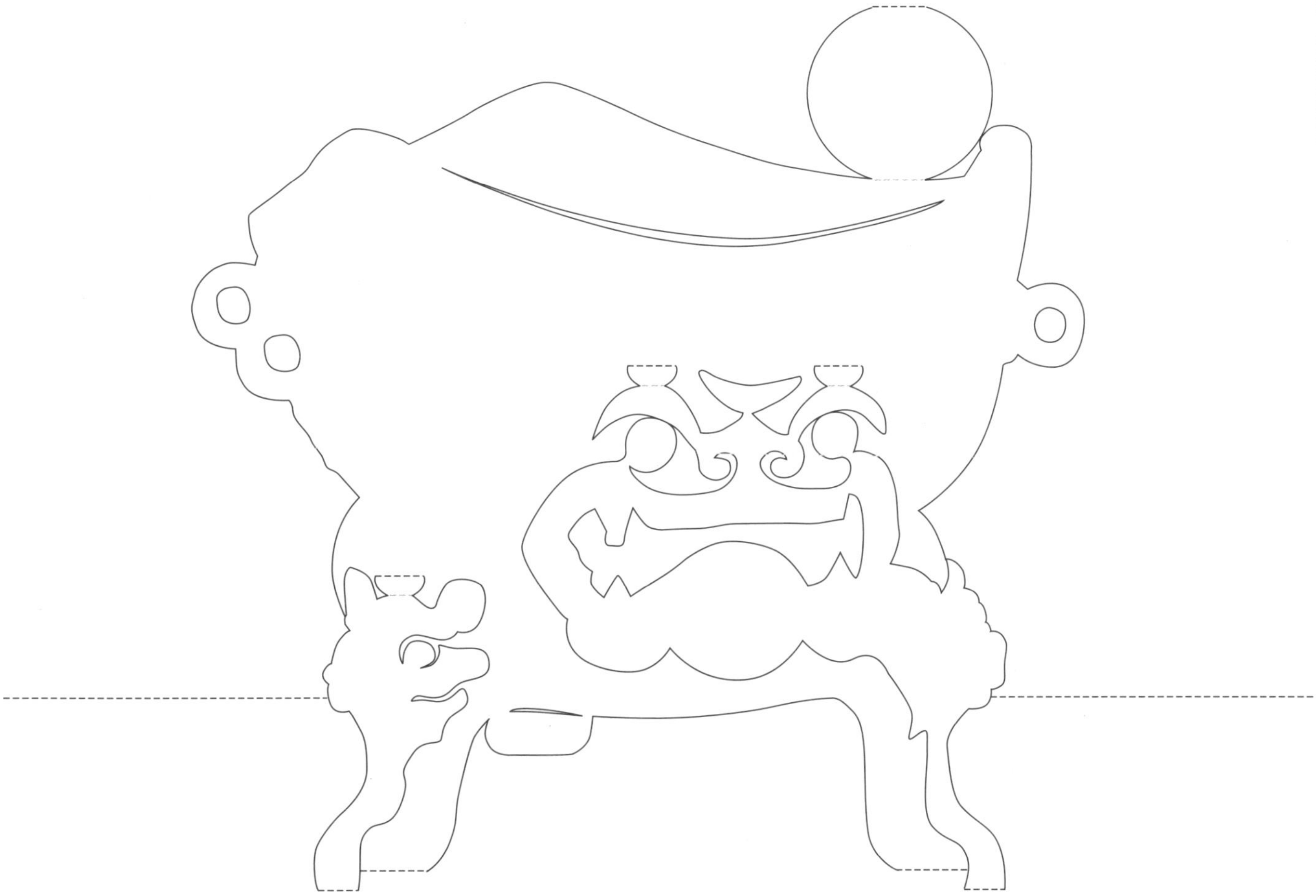

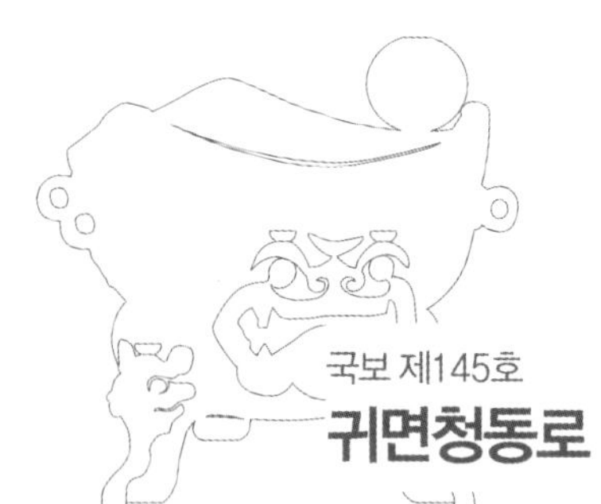

국보 제145호
귀면청동로

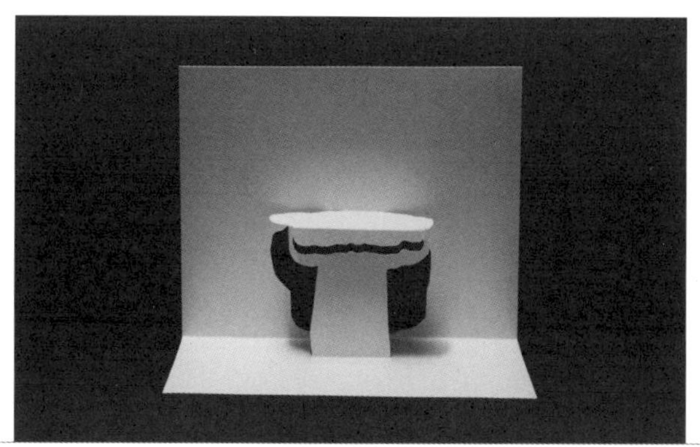

2 | 북한 국보 제84호 | **관산리 고인돌**

황해남도 은율군 관산리의 청동기시대 고인돌이다. 현존하고 있는 고인돌 중 가장 아름답고 크다. 덮개돌의 무게가 무려 40톤이나 된다. 이곳에는 돌칼·돌화살촉·질그릇 조각 등 원시유물들이 출토되고 있어 한국의 거석문화 연구에 중요한 자료가 되고 있다.

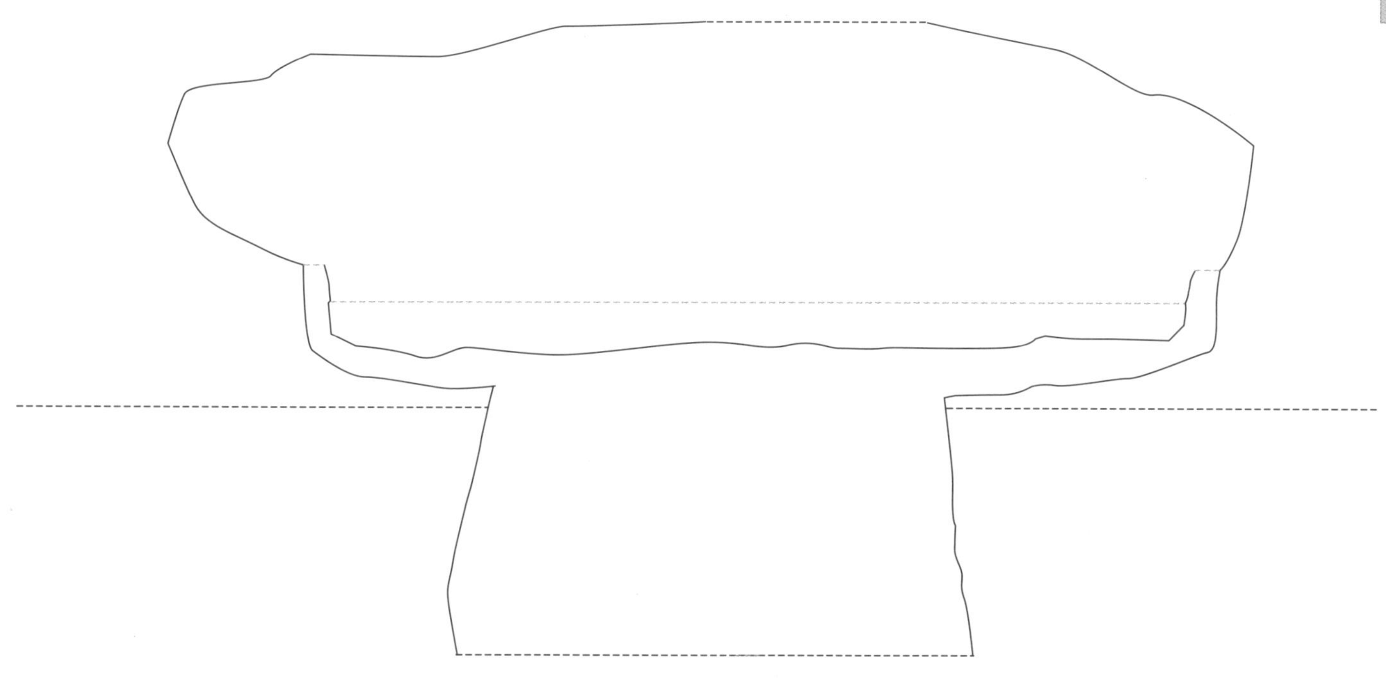

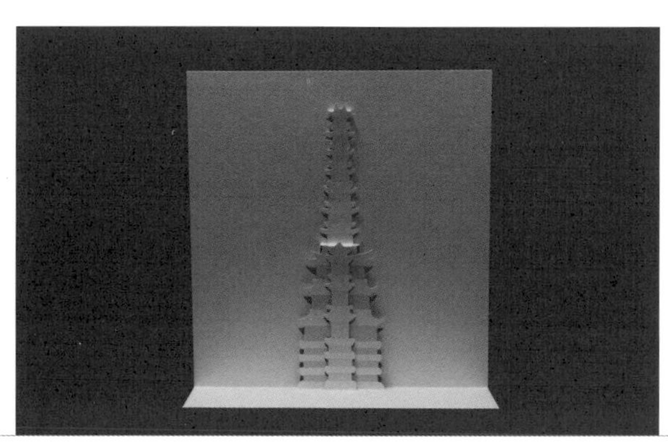

원각사지 십층석탑

원각사는 지금의 탑골공원 자리에 있었던 절로, 조선 세조 11년(1465년)에 세워졌다. 이 탑은 조선시대의 석탑으로는 유일한 형태로, 높이는 약 12m이다. 대리석으로 만들어졌으며 탑 구석구석에 표현된 화려한 조각이 대리석의 회백색과 잘 어울려 더욱 아름답게 보인다.

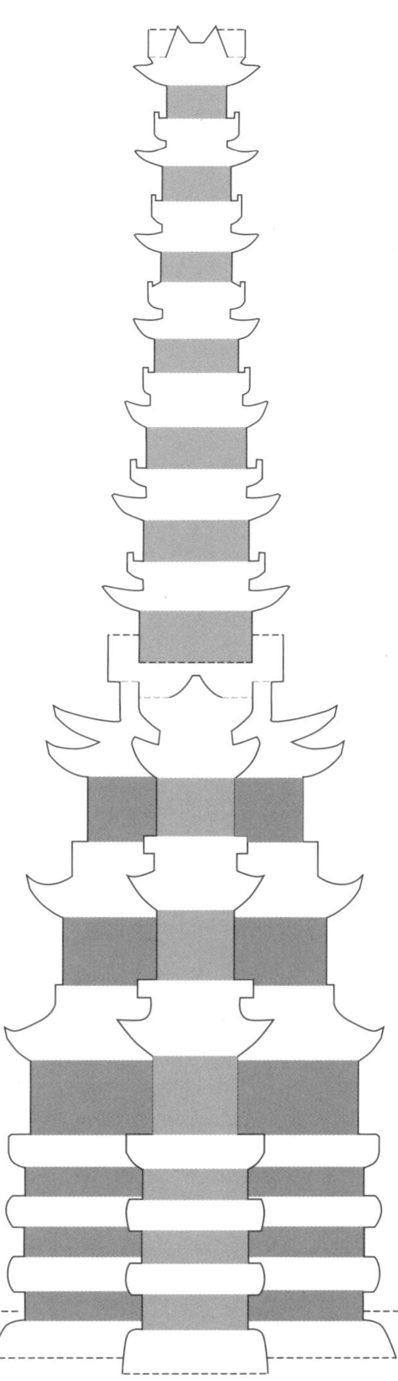

원각사지 십층석탑

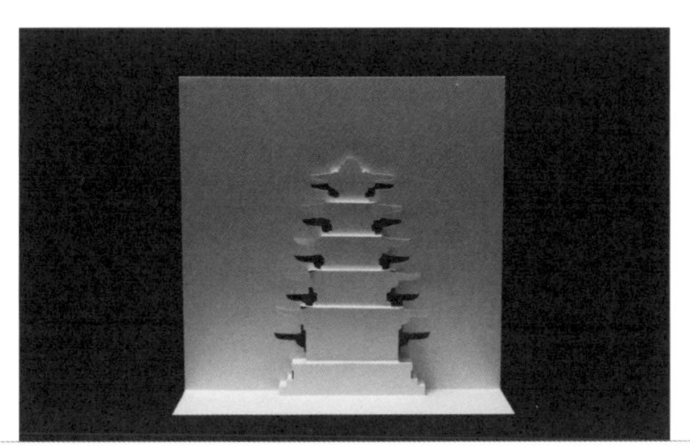

부여 정림사지 오층석탑

부여 정림사 터에 세워져 있는 백제시대의 석탑으로, 좁고 낮은 1단의 기단(基壇) 위에 5층의 탑신(塔身)을 세운 모습이다. 기단은 각 면의 가운데와 모서리에 기둥돌을 끼워 놓았고, 탑신부의 각 층의 기둥은 위아래가 좁고 가운데를 볼록하게 표현하는 목조건물의 배흘림기법을 이용하였다.

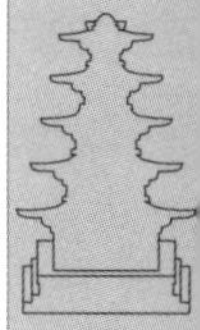

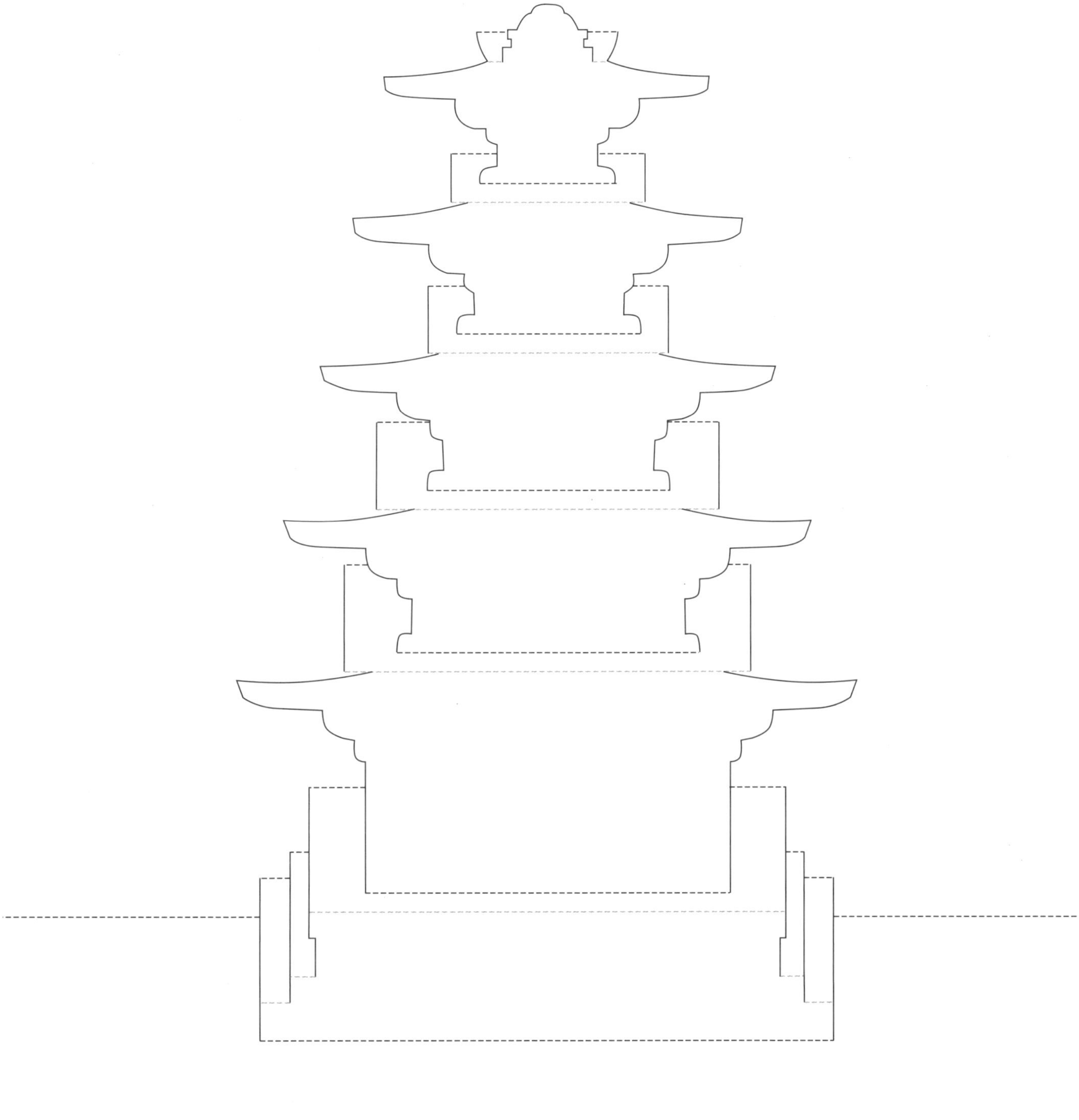

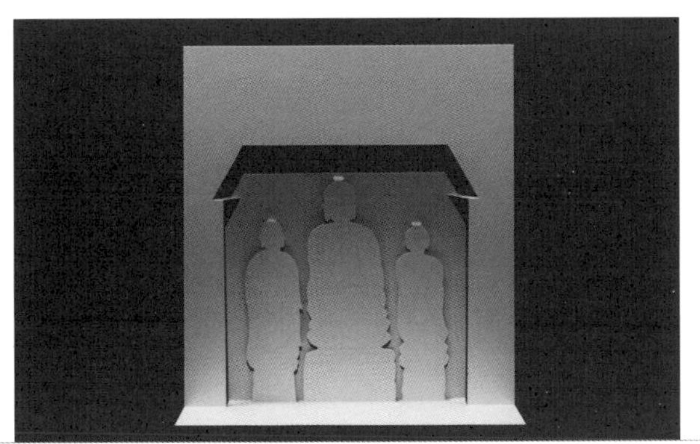

5 | 북한 국보 제177호 | 안양암 마애삼존불상

금강산 장안사에 딸린 부속암자인 안양암에 있는 마애석불로, 장안사에서 동북쪽으로 3km 지점에 있다. 고려 성종 때 고승 회정(懷正)이 세웠으며, 가파른 암벽에 감실(龕室 : 불상을 모시는 방)을 파고 조각한 삼존불이다. 부처 가운데 가장 으뜸이 되는 본존상의 높이는 1.47m이다.

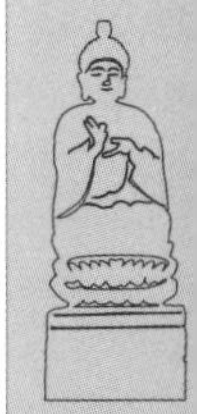

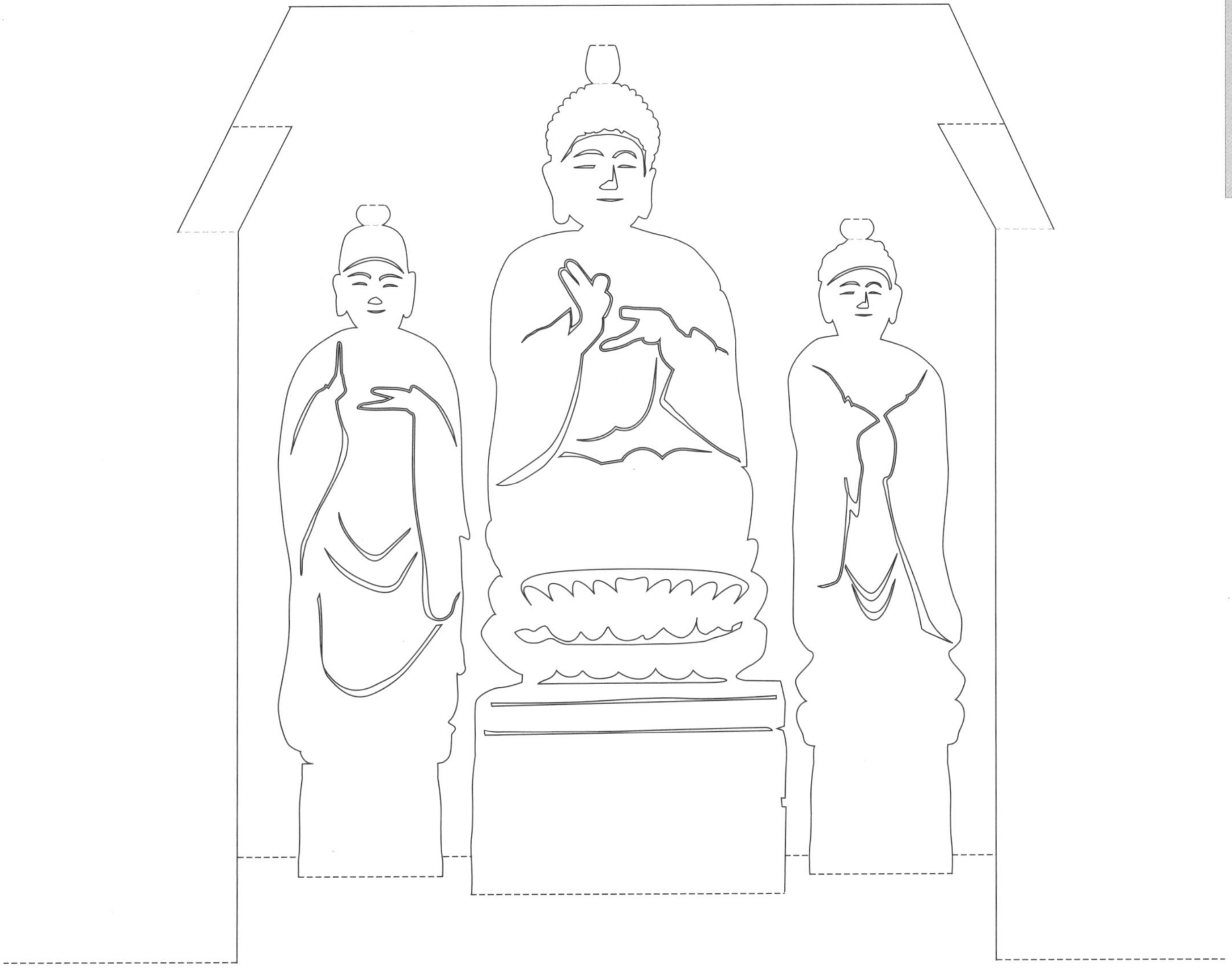

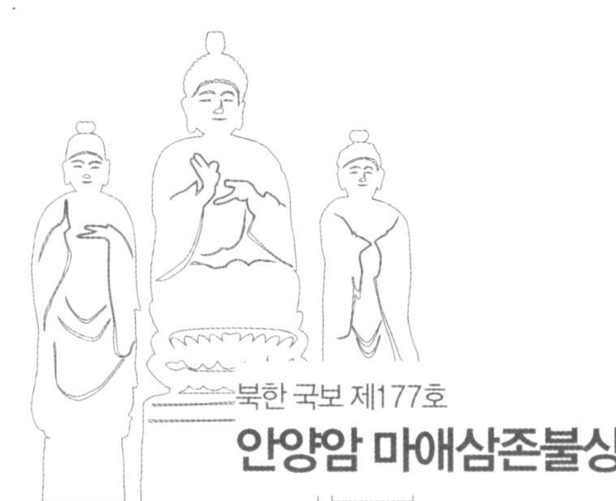

북한 국보 제177호
안양암 마애삼존불상

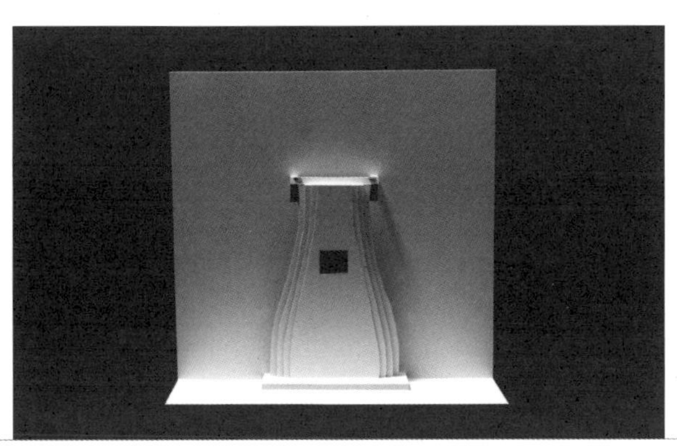

천체의 움직임을 관찰하던 신라시대의 천문관측대로, 높이는 9.17m이다. 신라 선덕여왕(재위 632~647년) 때 건립된 것으로 추측되며, 현재 동북쪽으로 약간 기울어져 있긴 하나 거의 원형을 간직하고 있다. 동양에서 가장 오래된 천문대로 그 가치가 높다.

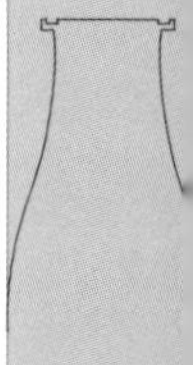

난이도 ★★☆☆

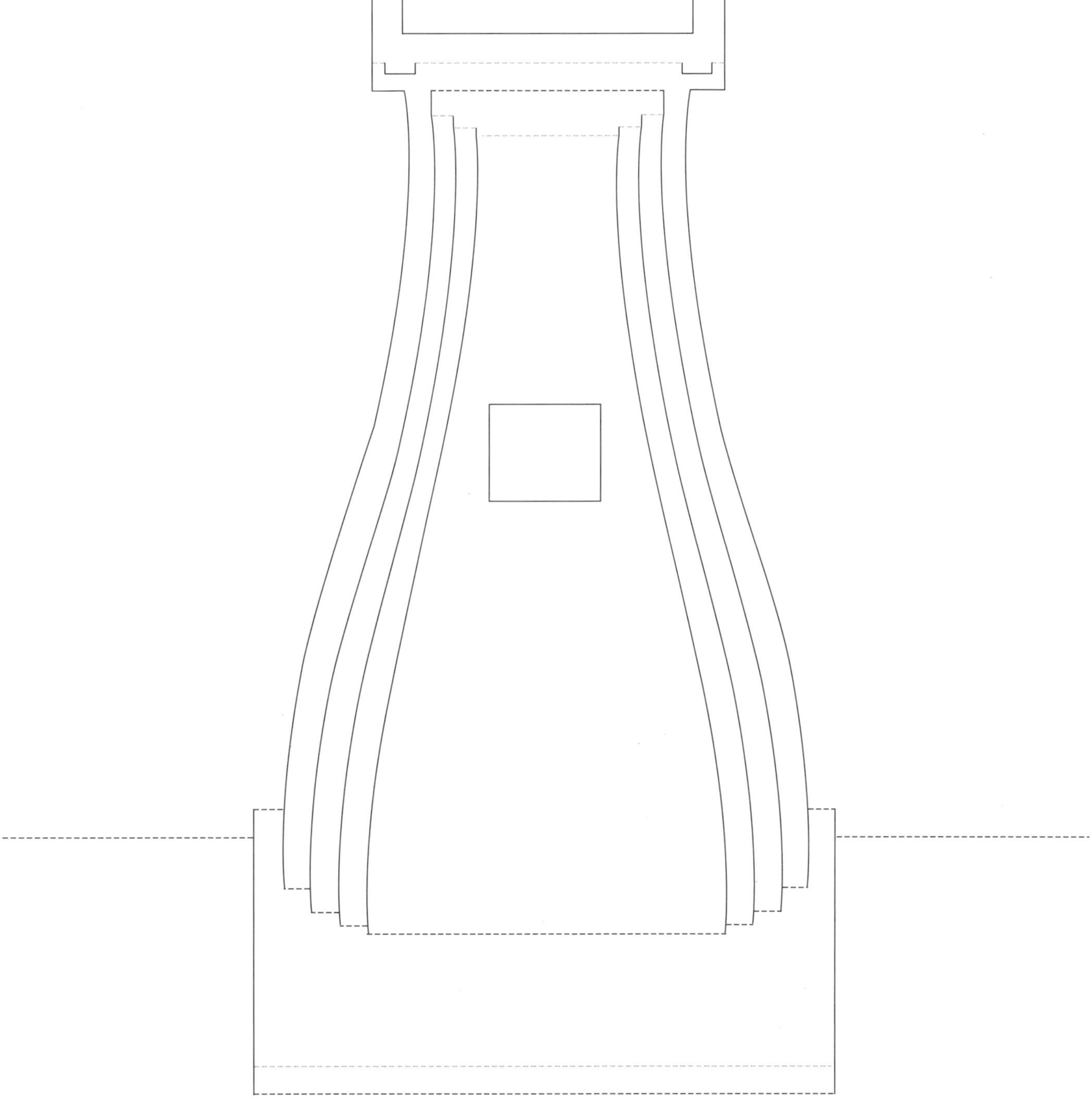

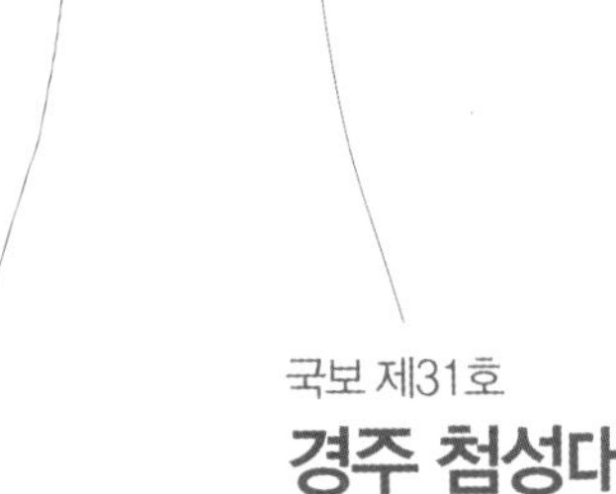

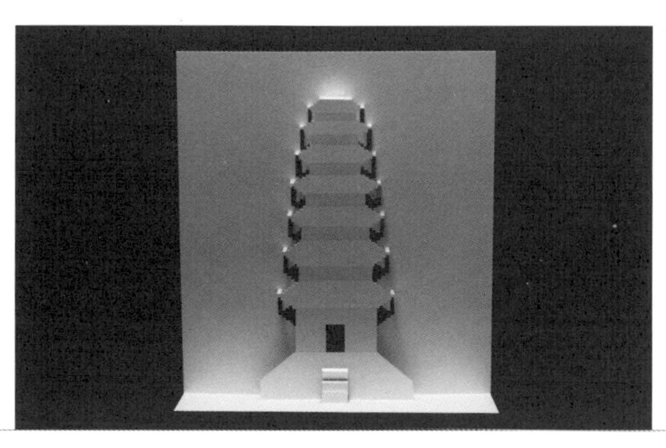

7 | 국보 제16호 | 안동 법흥사지 칠층전탑

우리나라에서 가장 크고 오래된 전탑(塼塔 : 흙으로 만든 벽돌을 이용하여 쌓아 올린 탑)이다. 법흥동에 세워져 있는 이 탑은 통일신라 때 창건된 법흥사에 속해 있던 탑으로 추정되며 높이 17m, 기단너비 7.75m의 거대한 탑임에도 매우 안정된 자태를 유지하고 있다.

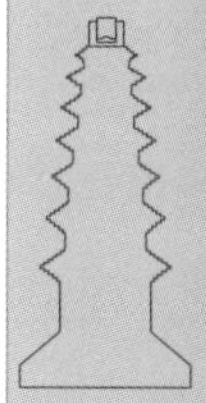

난이도 ★★★☆☆

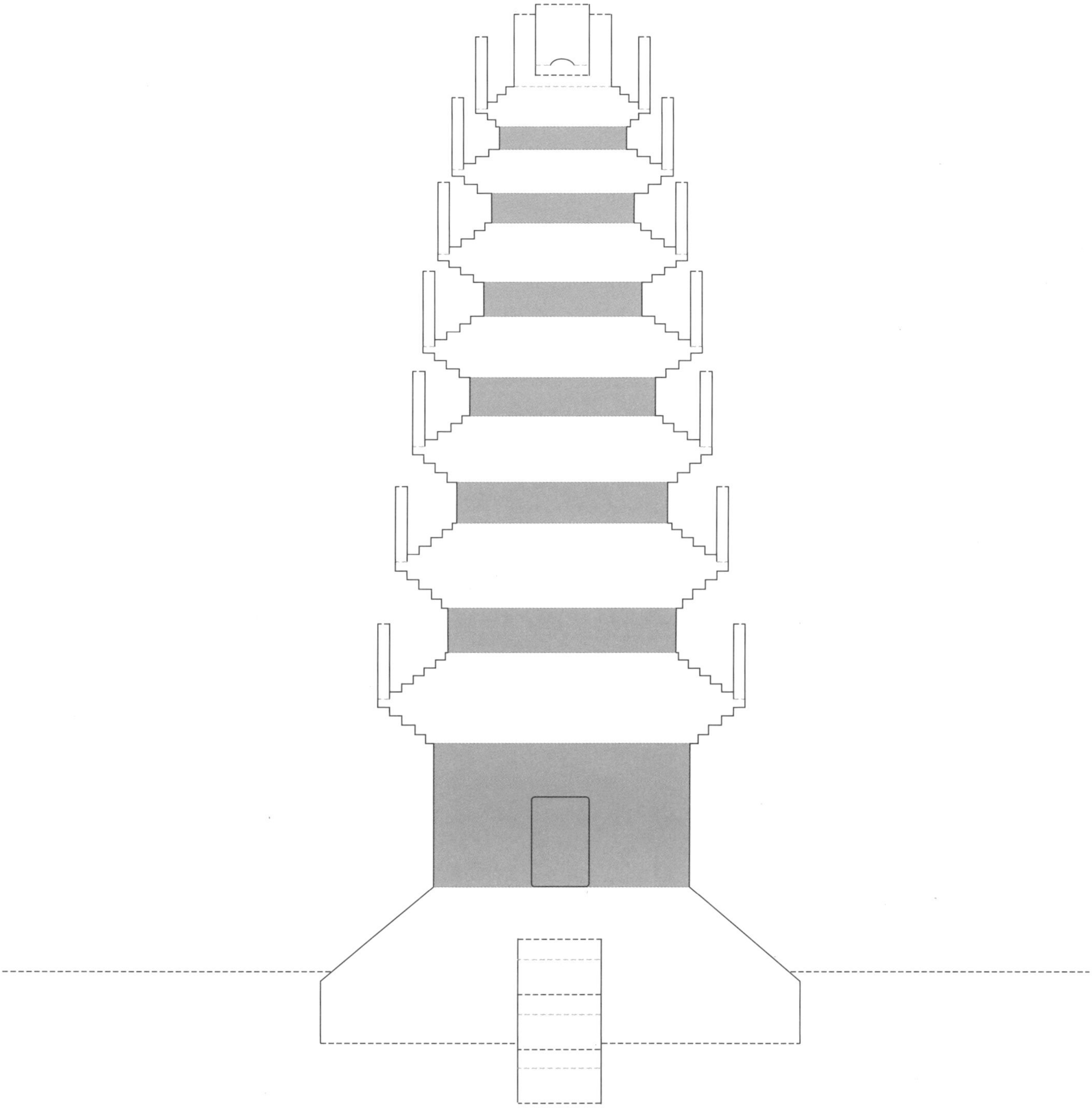

안동 법흥사지 칠층전탑

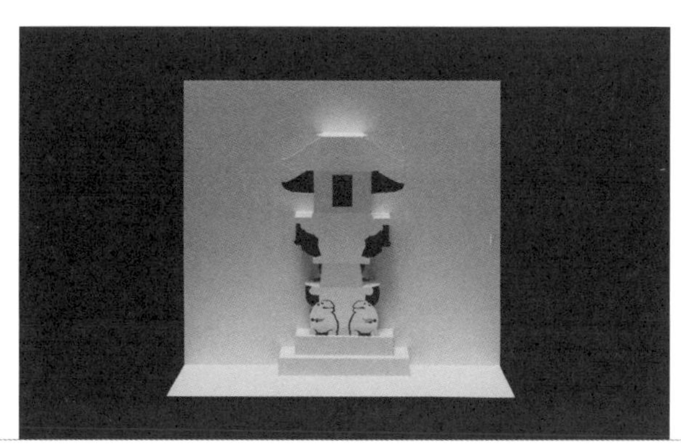

여주 고달사지 쌍사자 석등

고려시대 화강암으로 만든 석등. 고달사 터에 쓰러져 있었던 것을 1959년 경복궁으로 옮겨왔으며, 현재는 국립중앙박물관에 있다. 높이는 2.43m이며 불을 밝히는 화사석(火舍石)까지만 남아 있었으나, 2000년에 경기도 기전매장문화연구원이 실시한 발굴조사에서 지붕돌이 출토되었다.

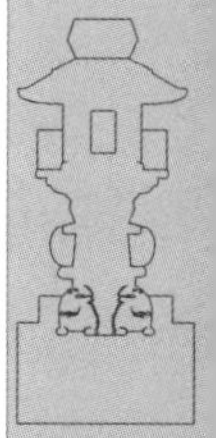

난이도 ★★★☆☆

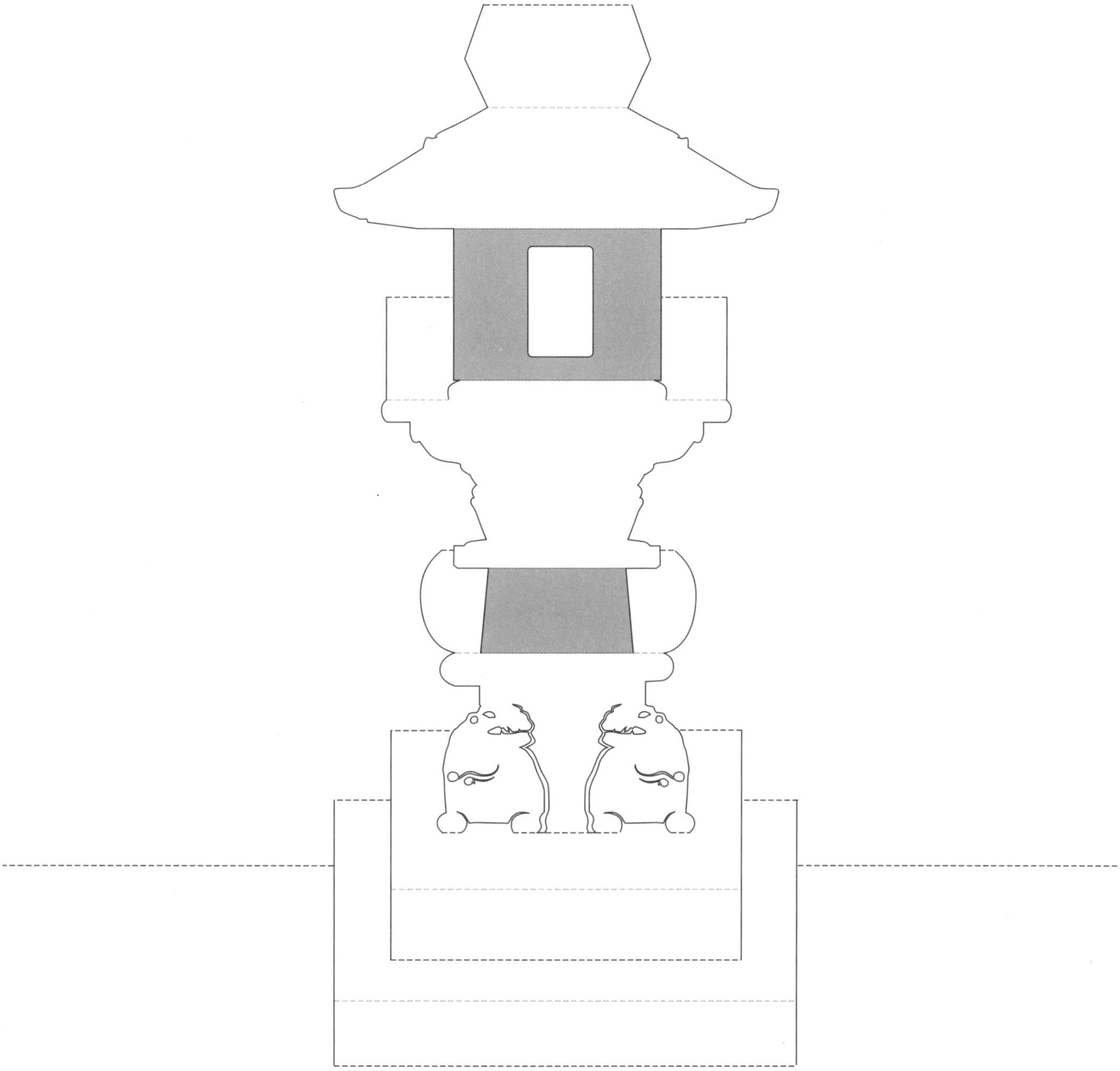

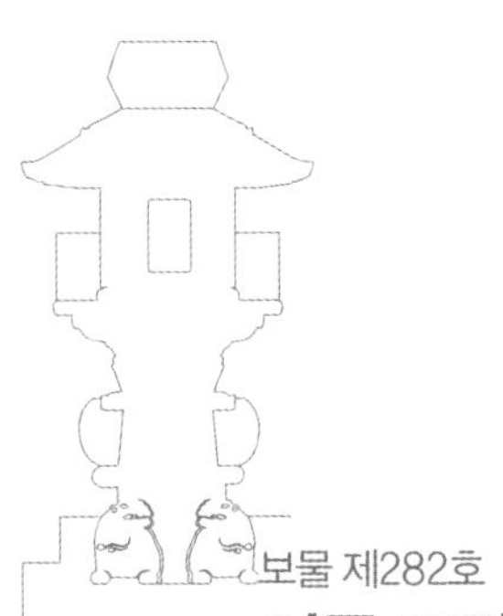

여주 고달사지 쌍사자 석등

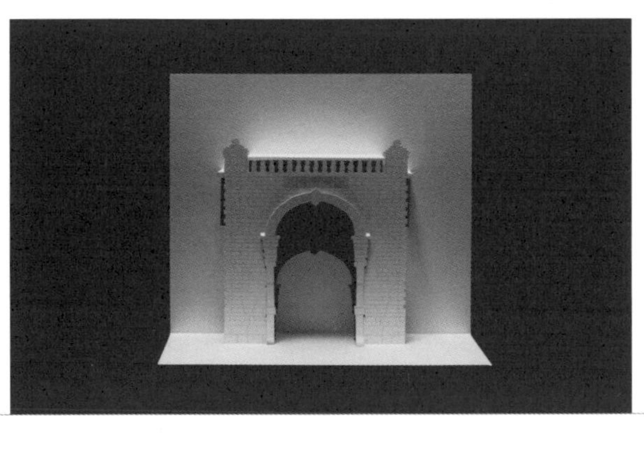

서울 독립문

갑오개혁(1894~1896년) 이후 자주독립의 의지를 다짐하기 위해 중국 사신을 영접하던 영은문(迎恩門)을 헐고 세운 기념물이다. 서재필이 조직한 독립협회 주도하에 국왕의 동의를 얻고 뜻있는 애국지사와 국민들의 폭넓은 지지를 얻으며 프랑스 파리의 개선문을 본떠 완성하였다.

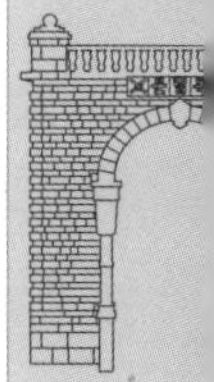

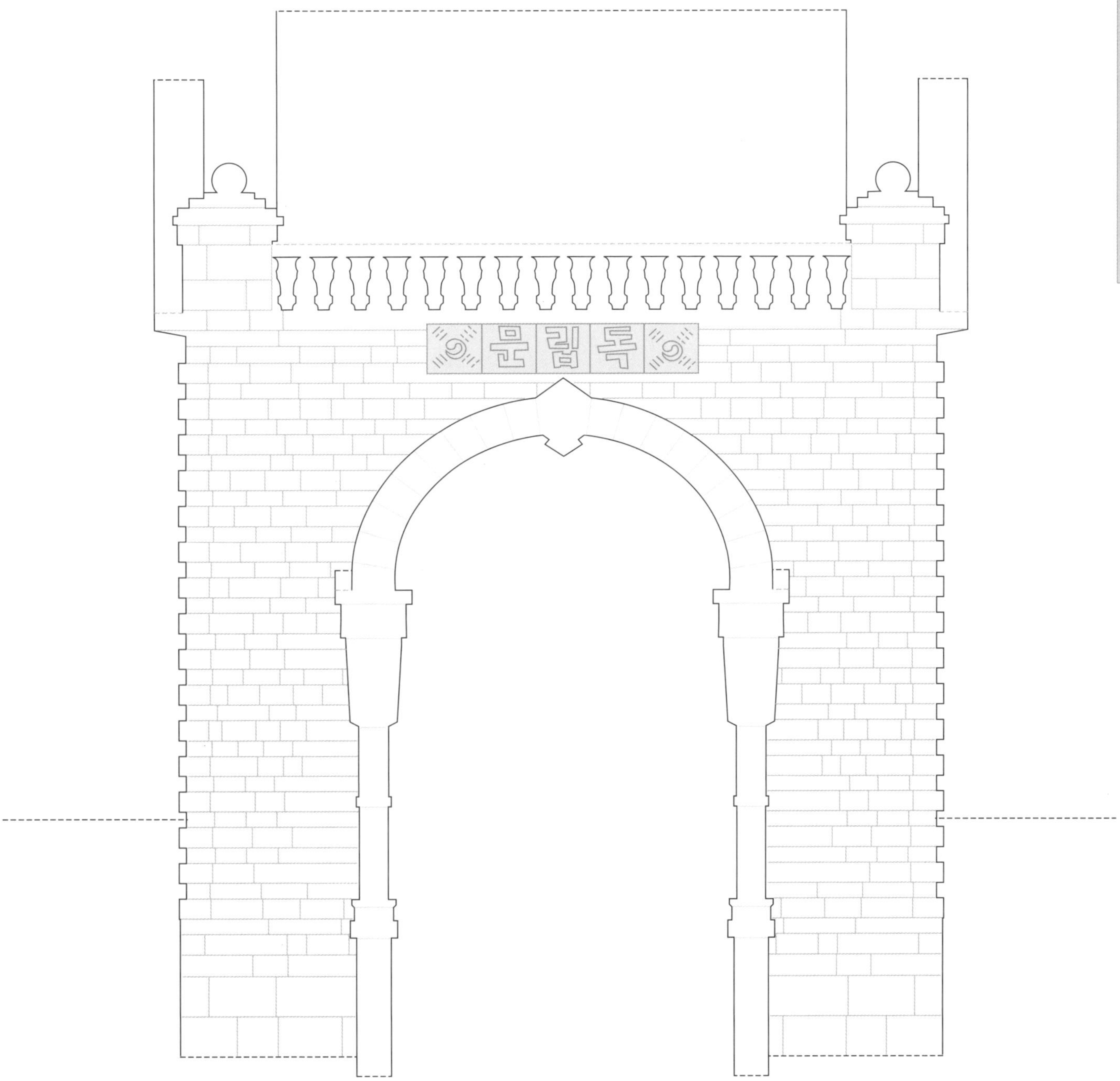

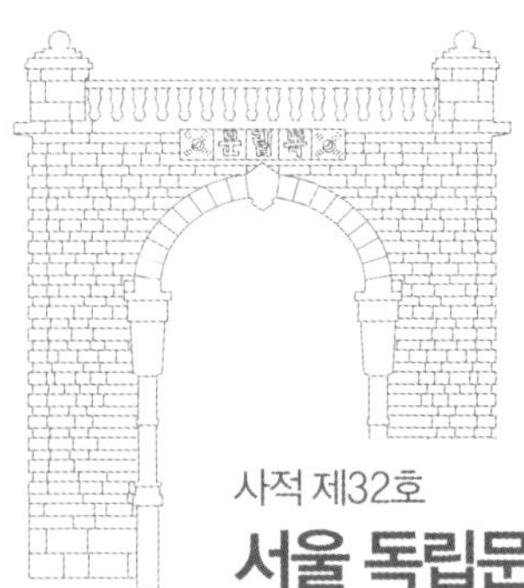

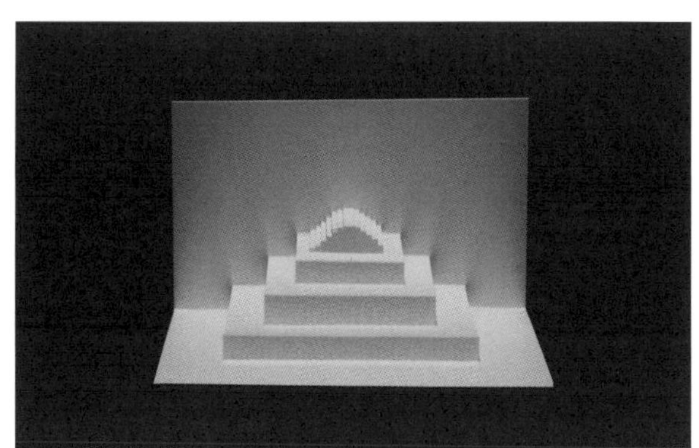

10 | 사적 제243호 | 서울 석촌동 고분군

석촌동 무덤들은 백제 초기에 만들어졌다. 1호, 2호 무덤은 주민들이 농사짓는 땅으로 이용해서 내부구조와 유물은 정확히 알 수 없었으며, 3호 무덤은 기원전·후부터 나타나는 고구려 무덤 형식인 기단식돌무지무덤(기단식적석총)이다. 5호 무덤은 조사가 완전히 끝나지 않았다.

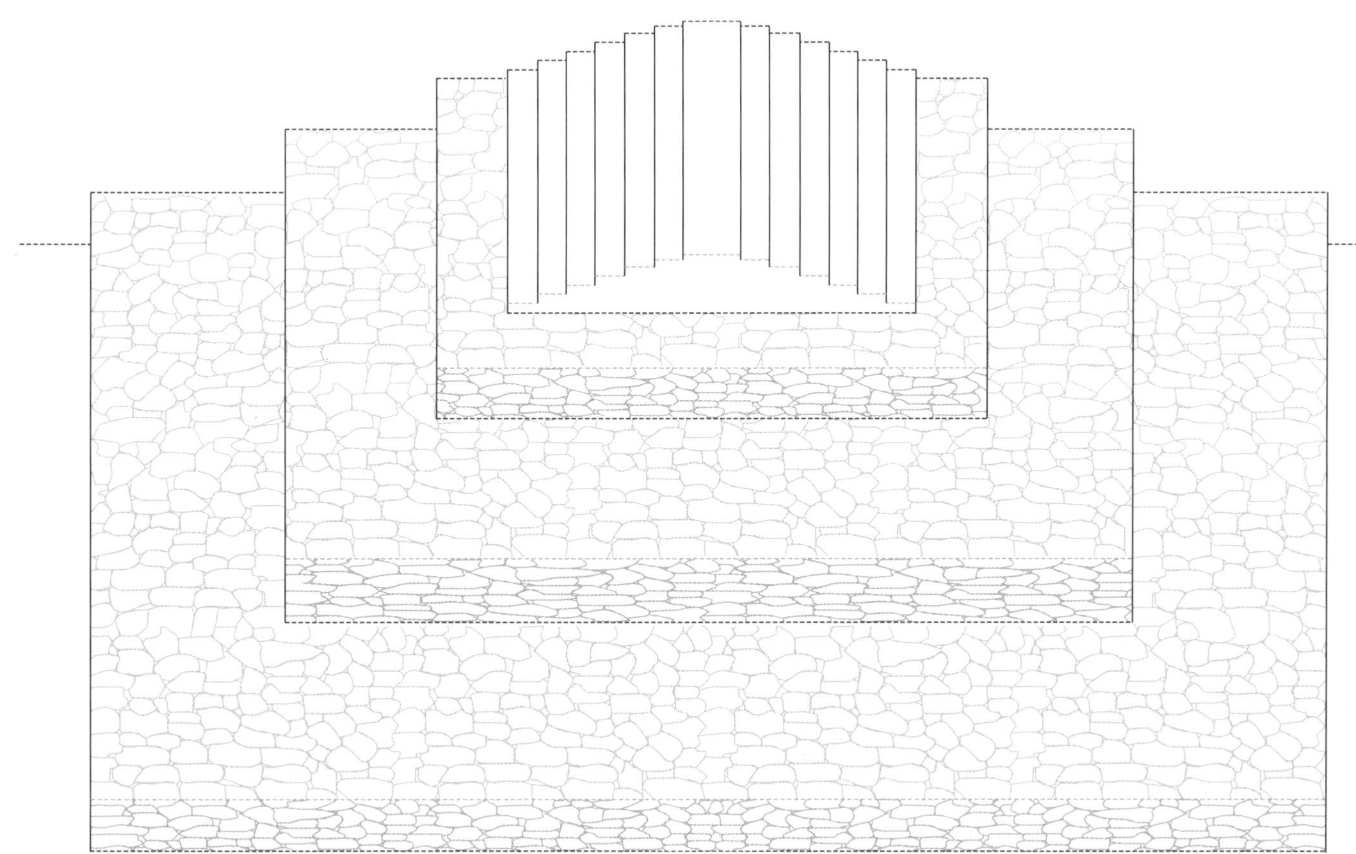

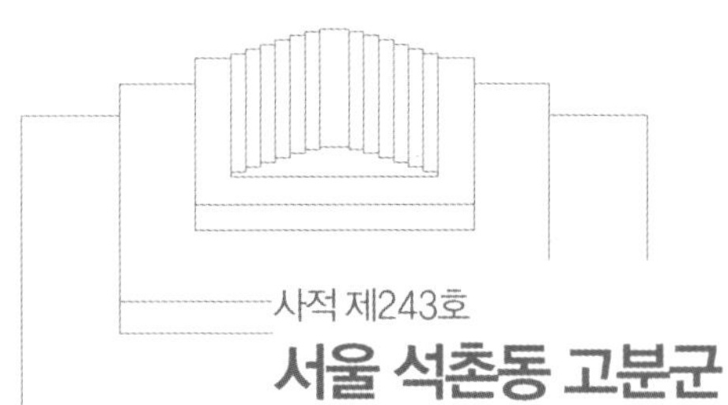

서울 석촌동 고분군

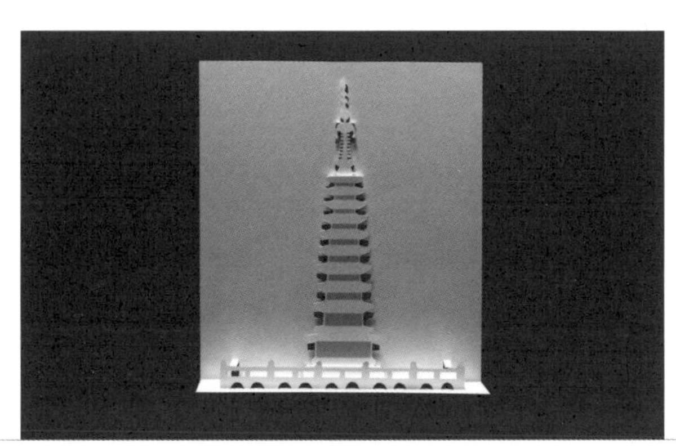

 평창 월정사 팔각구층석탑

신라시대 자장율사가 창건한 월정사 안에 있는 고려시대 탑으로, 8각 모양의 2단 기단 위에 9층 탑신을 올린 뒤 머리장식을 얹어 마무리한 모습이다. 아래층 기단에는 안상(眼象)을 새겨 놓았고, 아래위층 기단 윗부분에는 받침돌을 마련하여 윗돌을 괴어주도록 하였다.

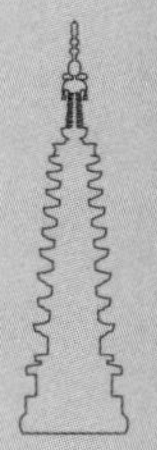

난이도 ★ ★ ★ ★ ★

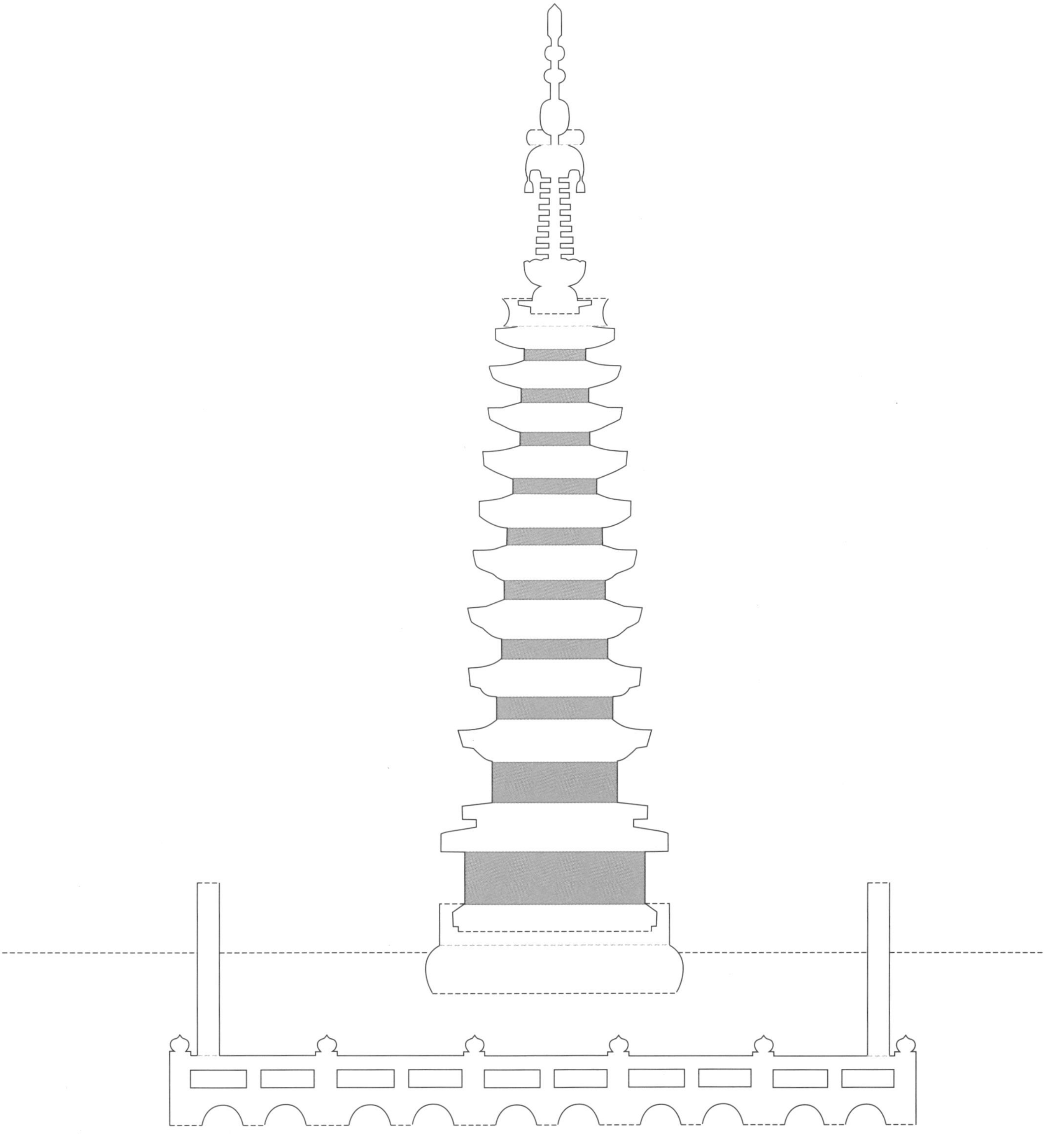

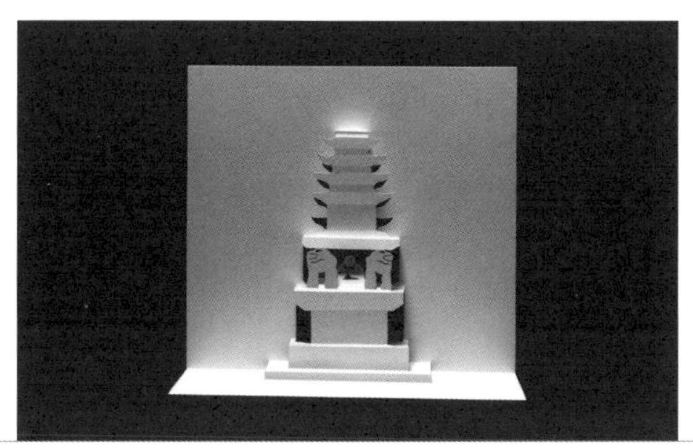

고려 현종 13년(1022년)에 만들어진 이 탑은 빈신사 터에 세워져 있는데, 상하
2단으로 된 기단 위에 4층의 지붕돌을 얹은 모습이다. 아래기단은 글이 새겨져
있어 탑의 조성 경위를 알 수 있으며, 위기단은 사자 4마리를 배치하여 탑신을
받치고 있는 특이한 모습이다.

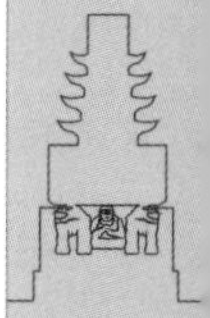

난이도 ★ ★ ★ ★ ★

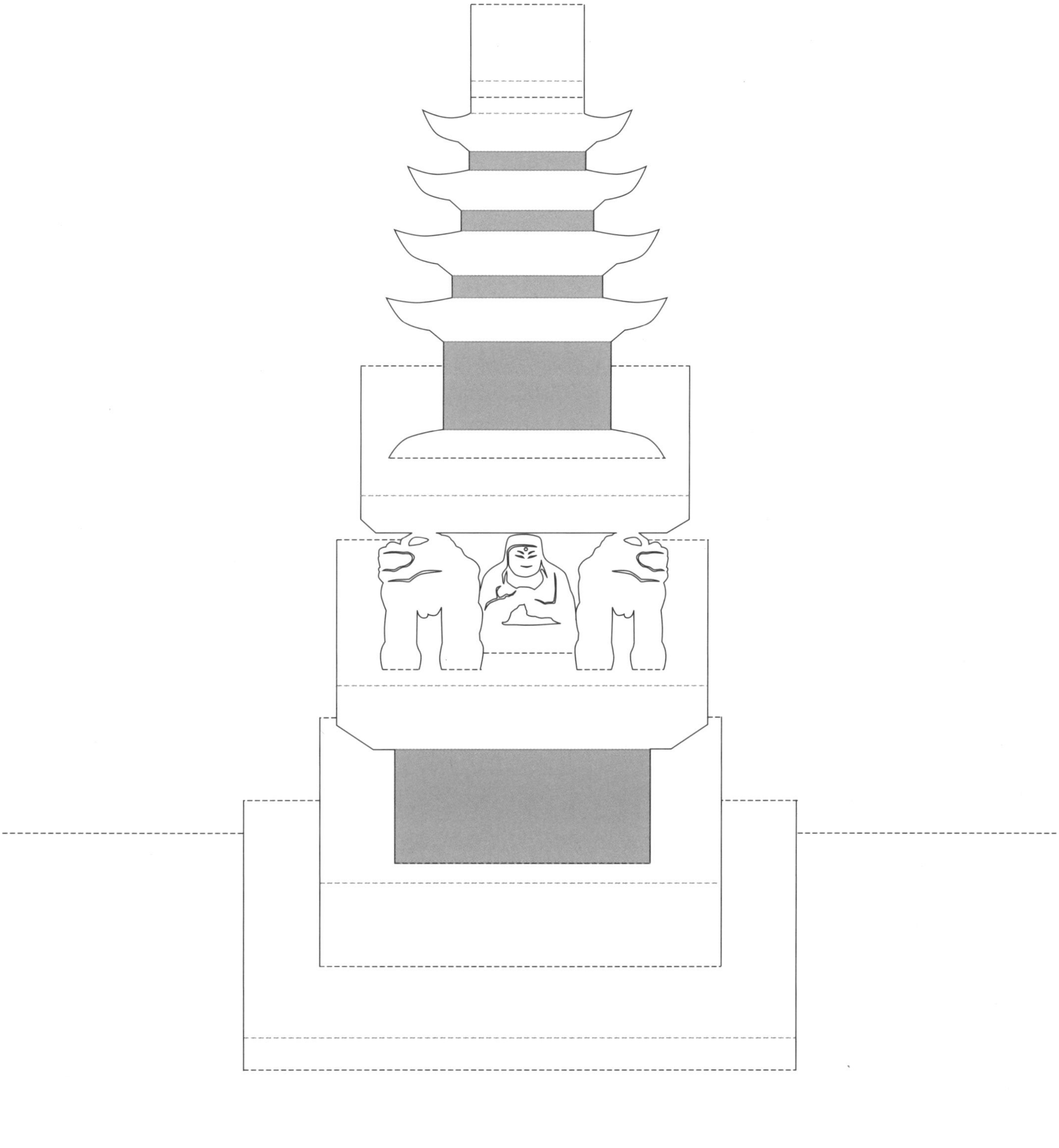

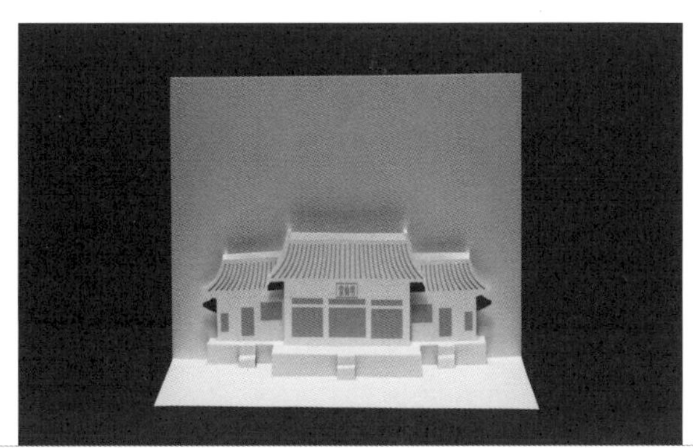

13 | 보물 제141호 | 서울 성균관 명륜당

교육 공간인 명륜당(明倫堂)은 조선 선조 39년(1606년)에 지은 건물이다. 가운데 중당과 양옆에 있는 익실로 구분하는데, 중당은 옆면에서 사람 인(人)자 모양인 맞배지붕이고 익실은 팔작지붕으로 중당보다 조금 낮게 구성되어 위계(位階)를 나타내주고 있다.

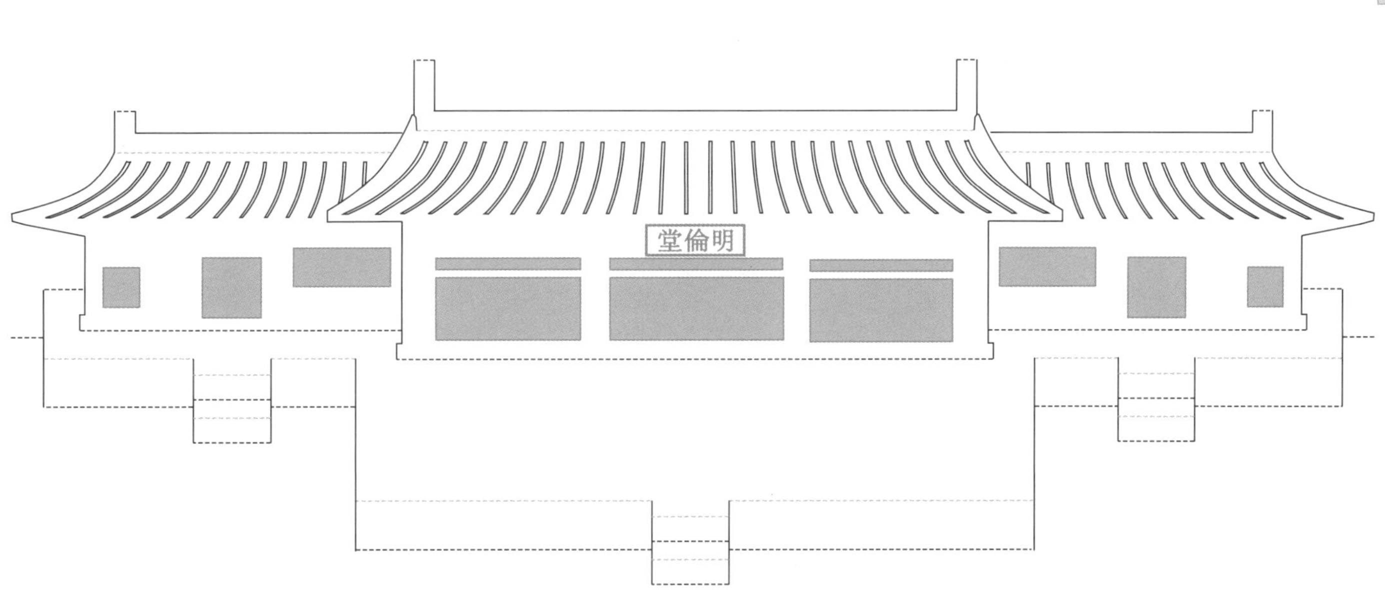

서울 성균관 명륜당

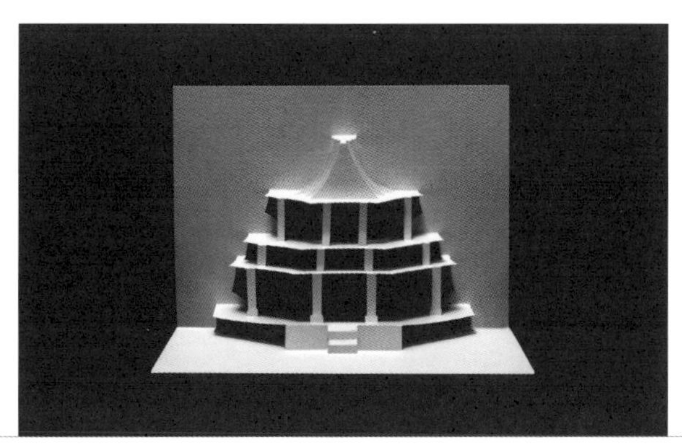

조선호텔 자리에 위치한 환구단은 하늘에 제사를 드리는 곳이었다. 현재 일제강점기에 헐린 환구단 터에는 황궁우와 석고 3개가 남아 있다. 황궁우는 1899년에 만들어진 3층의 8각 건물이며, 석고는 악기를 상징하는 듯한 모습으로 화려한 용무늬가 조각되어 있다.

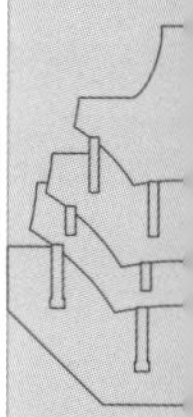

난이도 ★★★★★

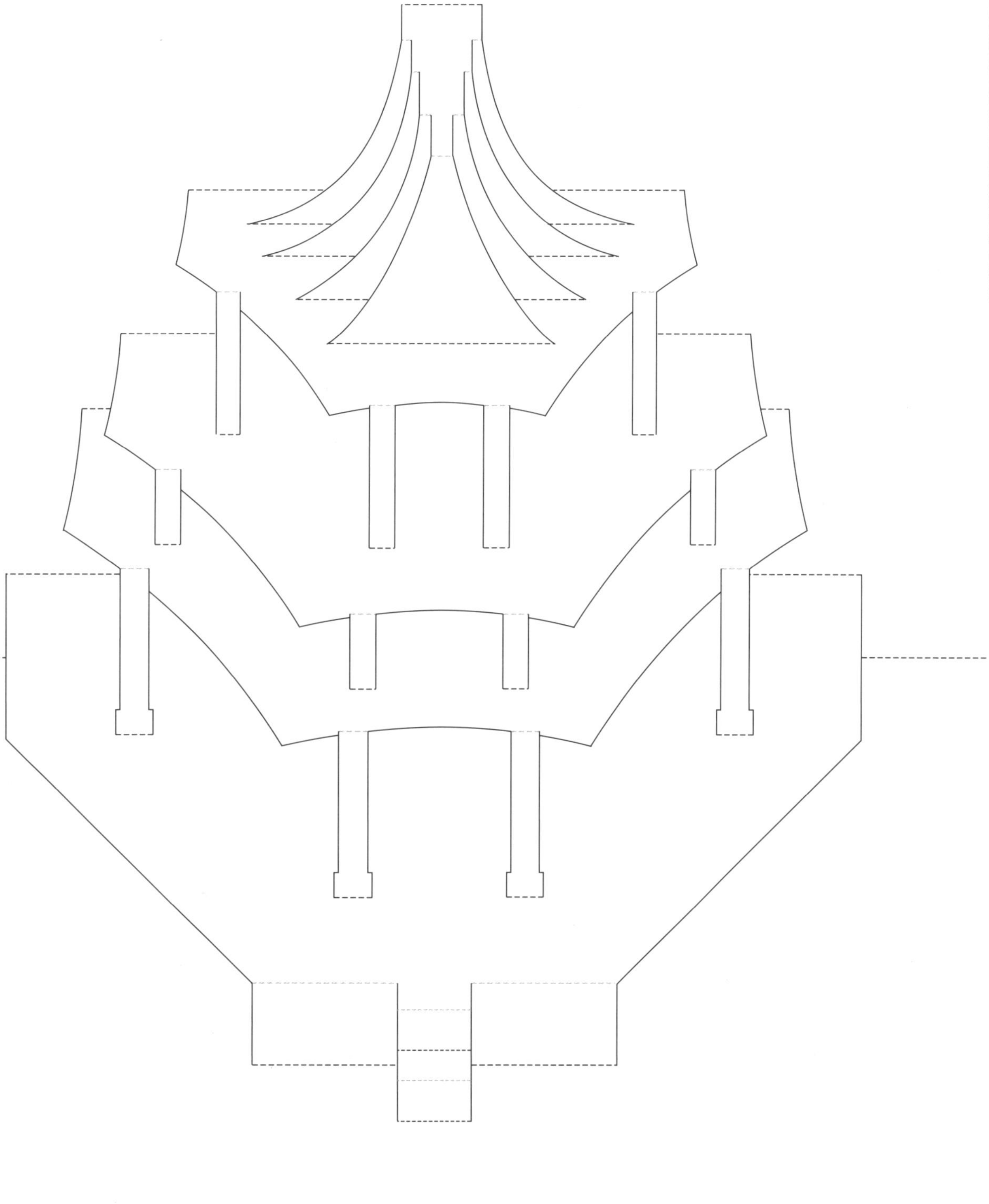

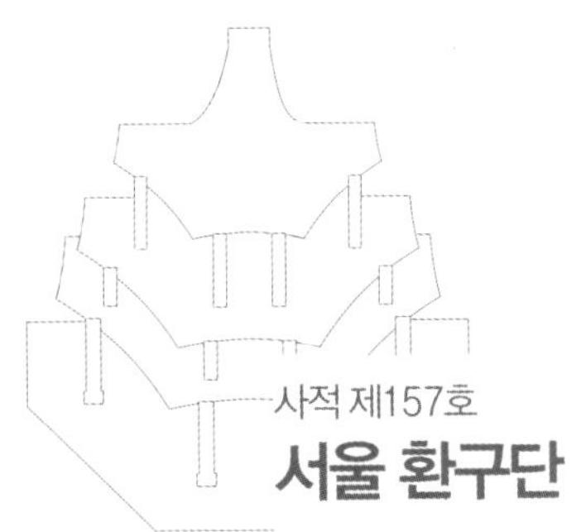

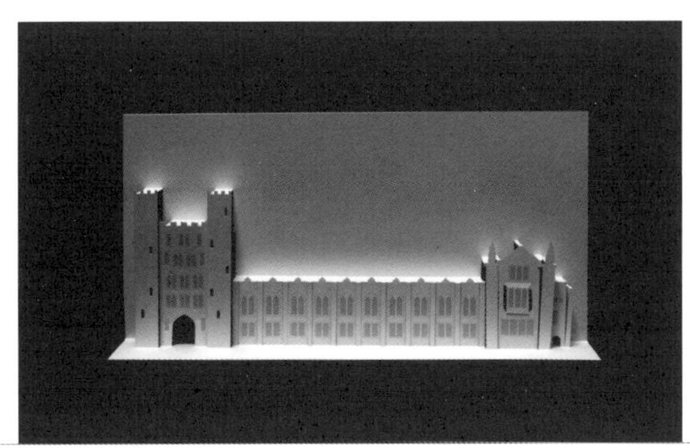

15 | 사적 제286호 | 서울 고려대학교 중앙도서관

고려대학교의 전신인 보성전문학교가 개교 30주년을 기념하여 세운 도서관 건물이다. 1935년에 공사를 시작하여 1937년에 완성한 화강암으로 지은 5층 고딕식 건축물로, 설계는 본관을 설계한 박동진이 하였다. 건축의 양식과 구조는 미국 듀크대학의 도서관을 참고하였다.

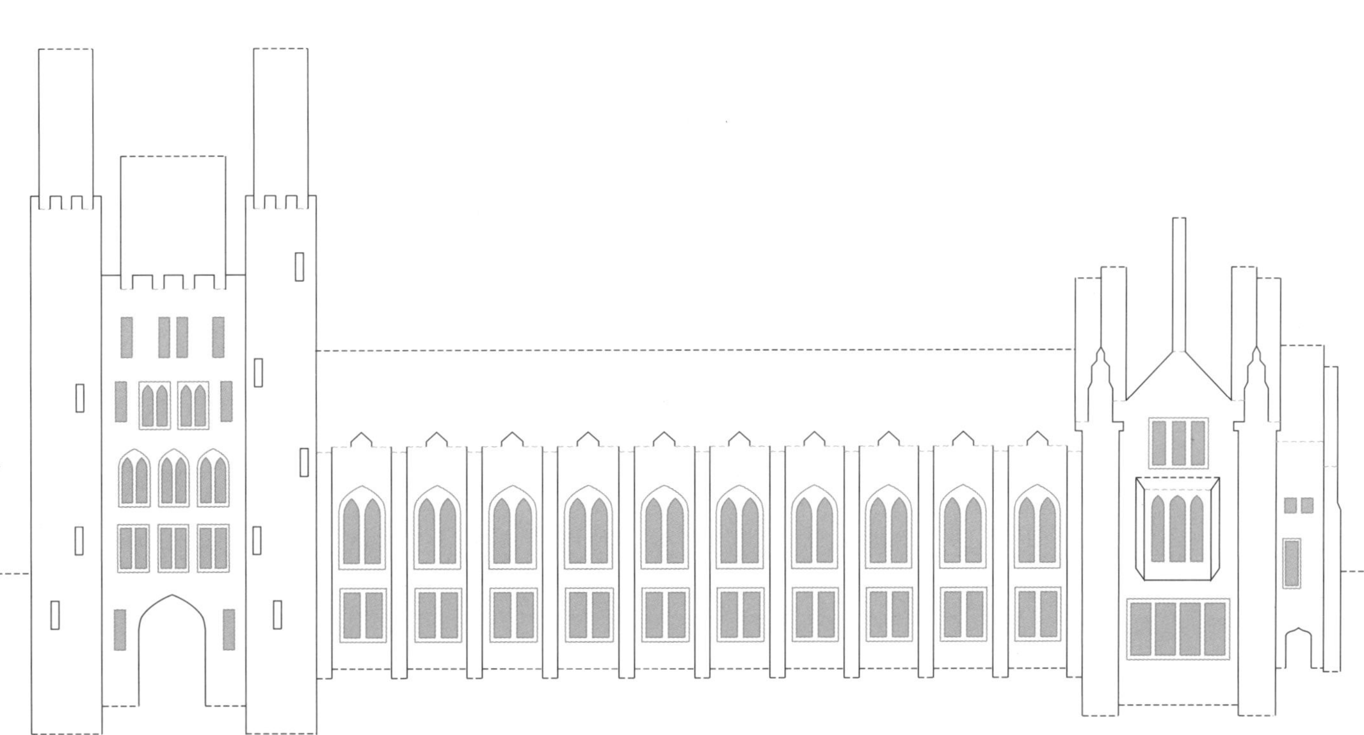

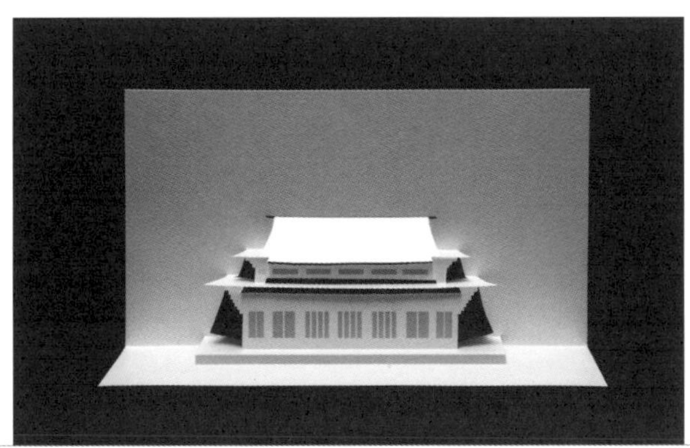

 구례 화엄사 각황전

화엄사는 지리산 남쪽 기슭에 있는 절로, 통일신라 때 창건되었다고 전한다. 임진왜란 때 완전히 불타버린 것을 조선 인조 때 다시 지어 오늘에 이르고 있다. 이 건물은 통일신라 때 쌓은 것으로 보이는 돌기단 위에 앞면 7칸, 옆면 5칸 규모로 지은 2층 건물이다.

난이도 ★★★★★★

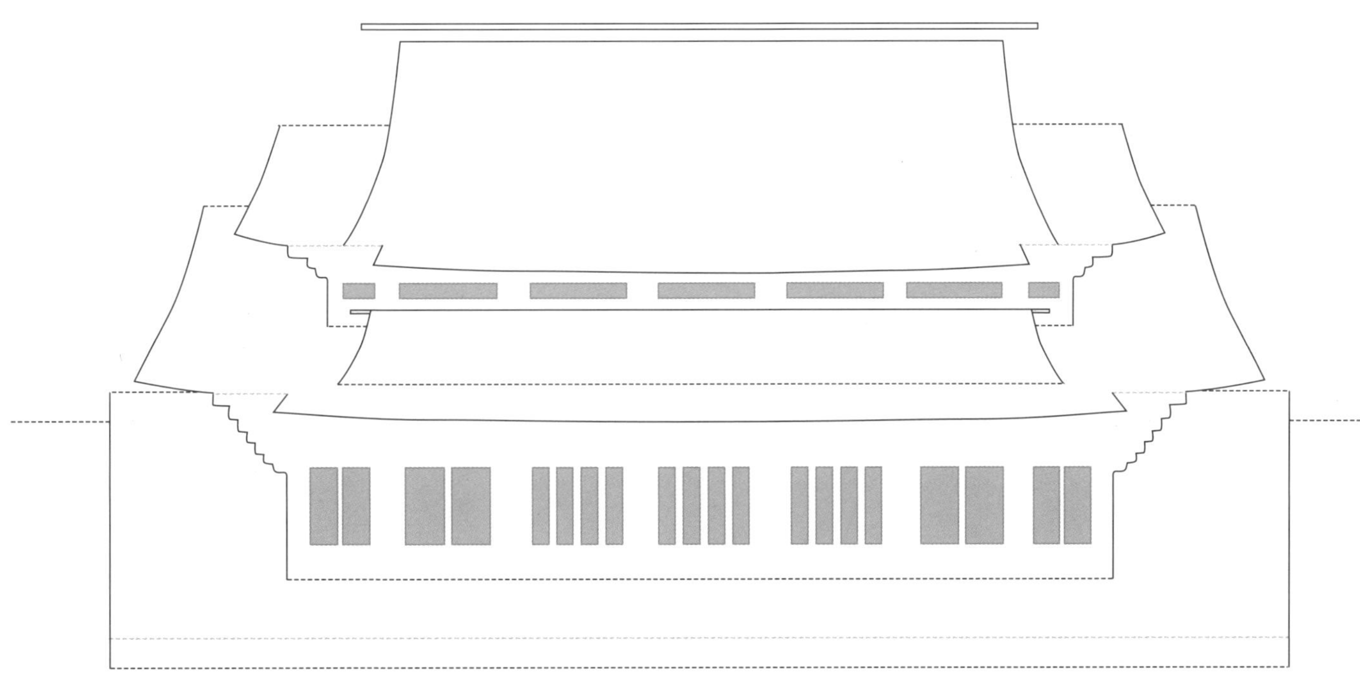

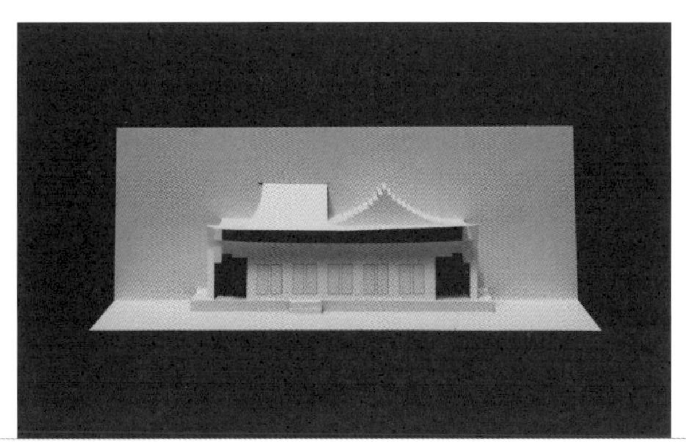

17 ｜국보 제290호｜ **양산 통도사 대웅전 및 금강계단**

통도사는 신라 선덕여왕 때 자장율사가 지었으나, 임진왜란 때 불타버린 것을
조선 인조 때 다시 지은 것이다. 대웅전은 원래 석가모니를 모시는 법당을 가리
키지만, 이곳 대웅전에는 불상을 따로 모시지 않고 건물 뒷면에 금강계단(金剛
戒壇)을 설치하여 부처님의 진신사리를 모시고 있다.

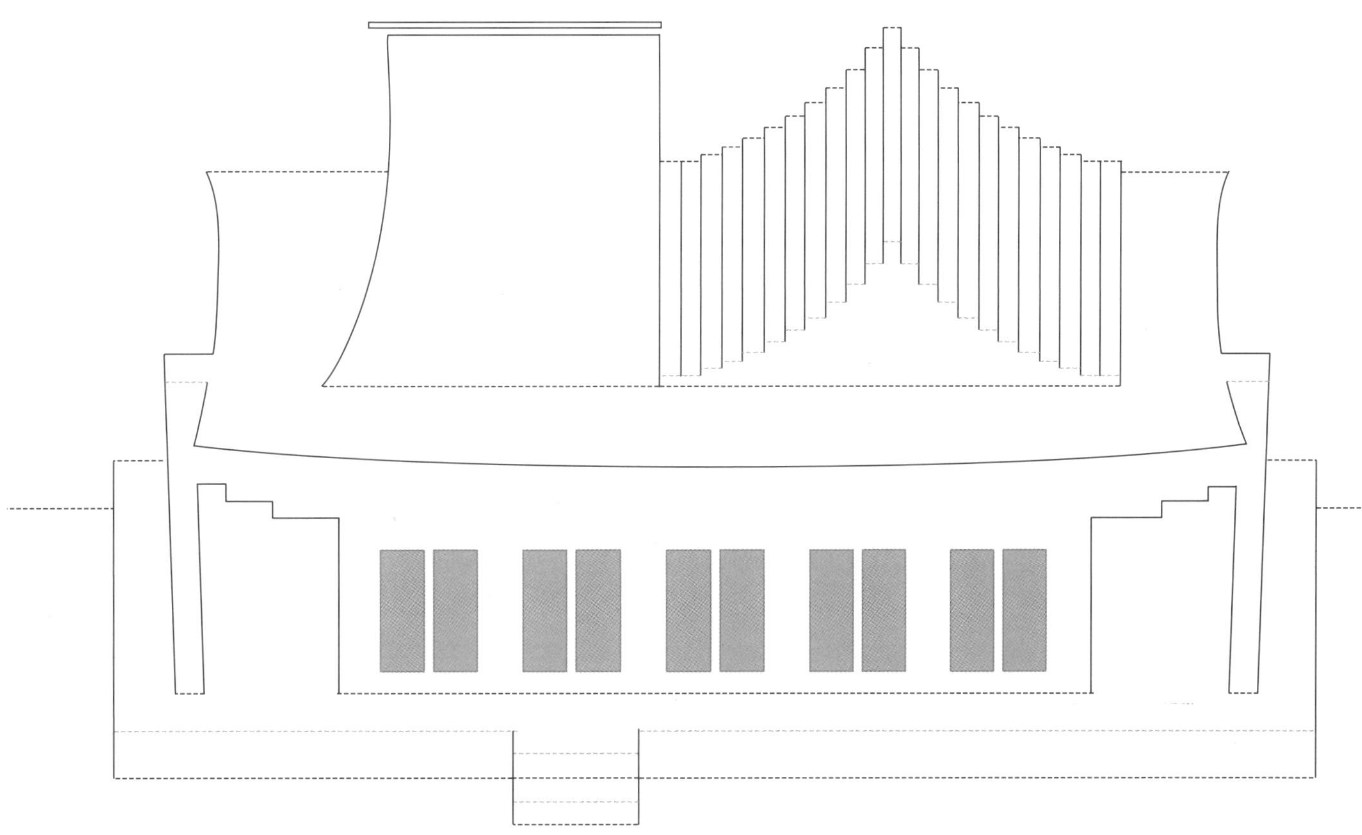

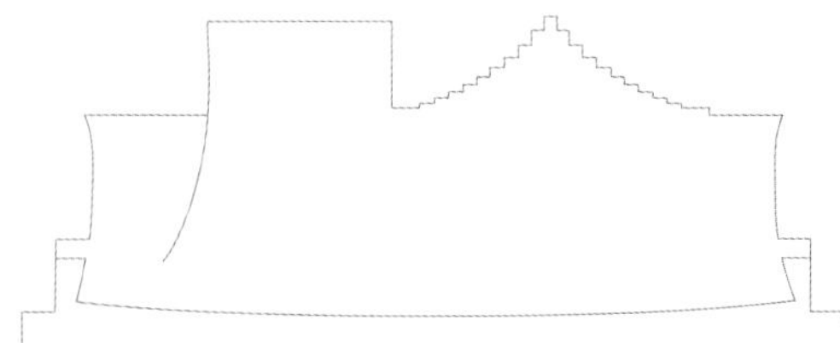

양산 통도사 대웅전 및 금강계단

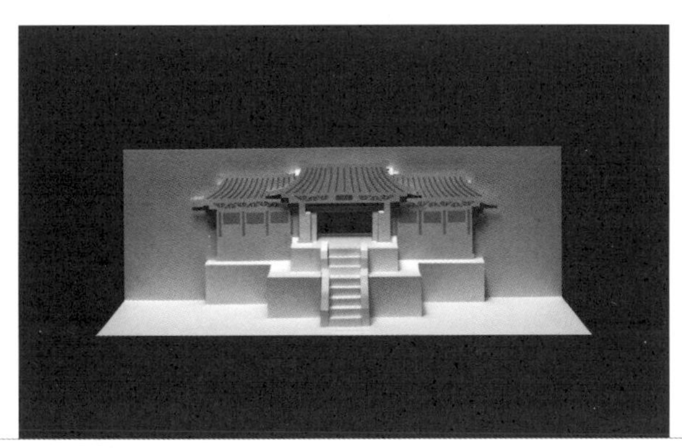

 # 경주 불국사 청운교 · 백운교

통일신라 때 창건된 불국사의 예배 공간인 대웅전과 극락전에 오르는 길은 동쪽의 청운교와 백운교, 서쪽의 연화교와 칠보교가 있다. 청운교와 백운교는 대웅전을 향하는 자하문과 연결된 다리를 말하는데, 전체 33계단으로 되어 있으며 계단을 다리 형식으로 만든 특이한 구조를 하고 있다.

난이도 ★★★★★

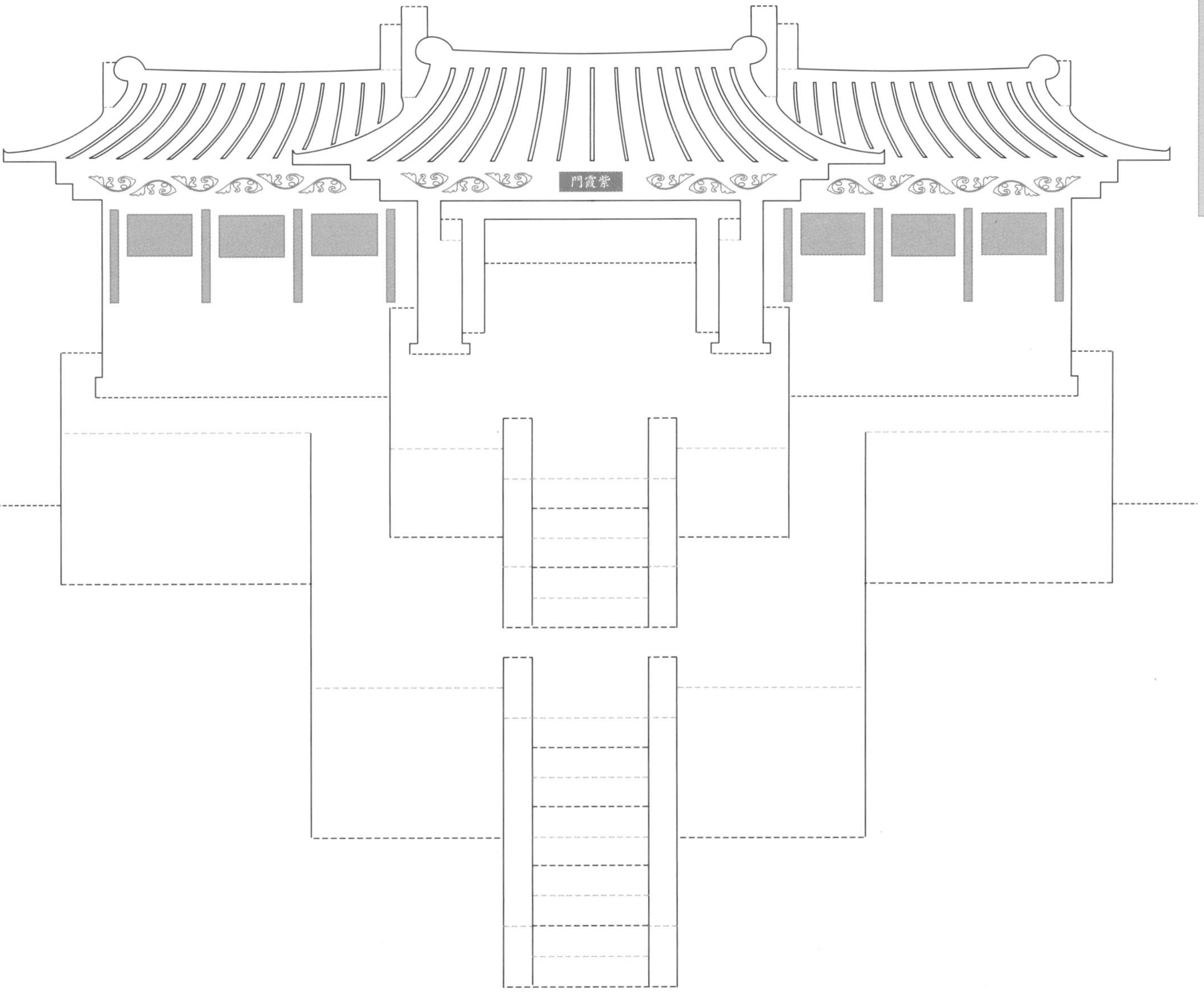

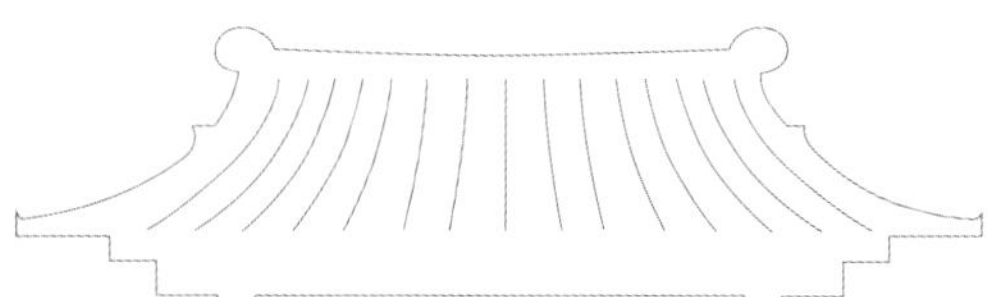

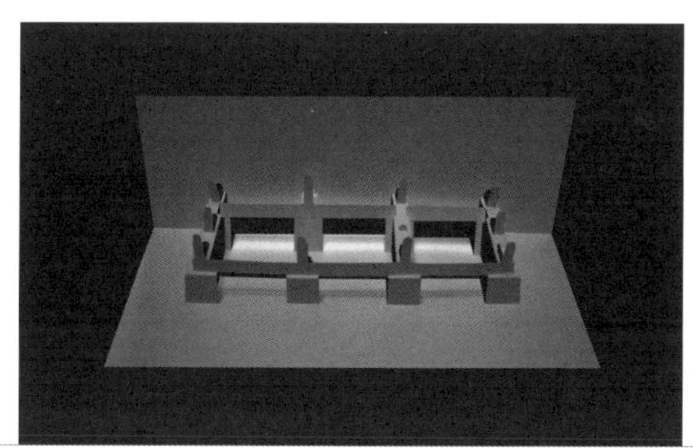

19 | 북한 국보 제159호 | 선죽교

개성시 선죽동에 위치한 길이 8.35m, 너비 3.36m 규모의 화강석으로 만든 고려시대의 석교(石橋)이다. 1392년 정몽주가 이방원이 보낸 조영규 일파에게 피살된 장소로 유명하다. 현존하는 돌난간은 1780년 정몽주의 후손들이 설치한 것으로 고려시대에는 돌난간이 없었다.

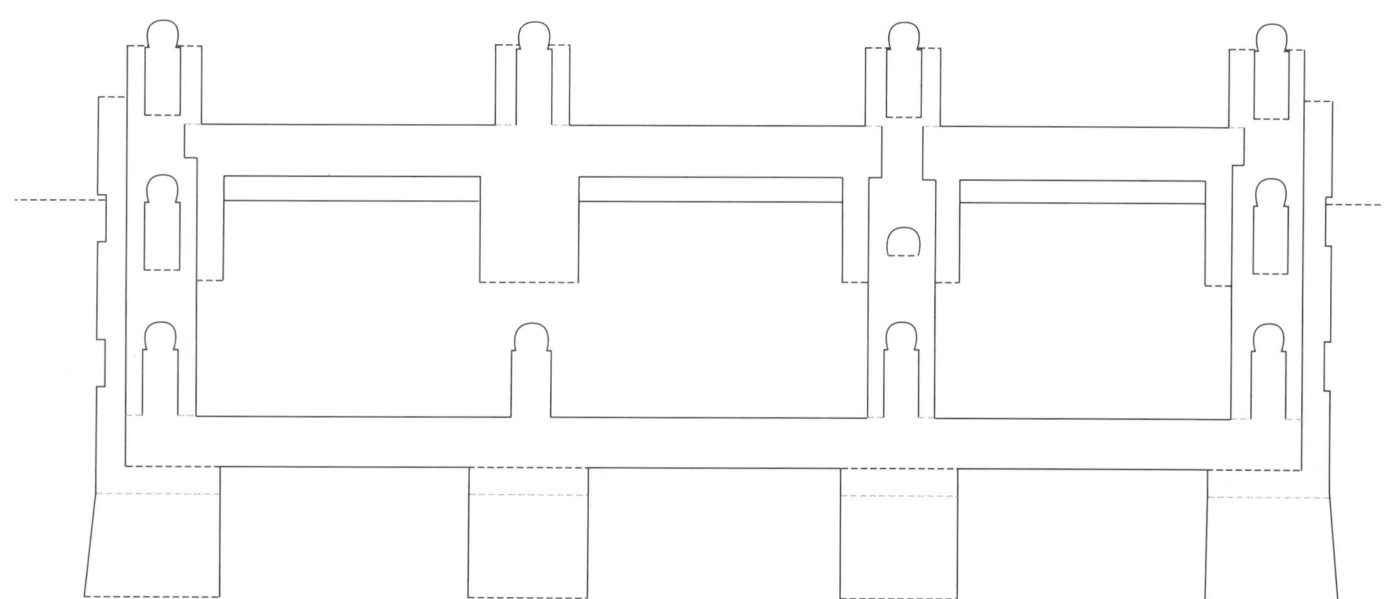

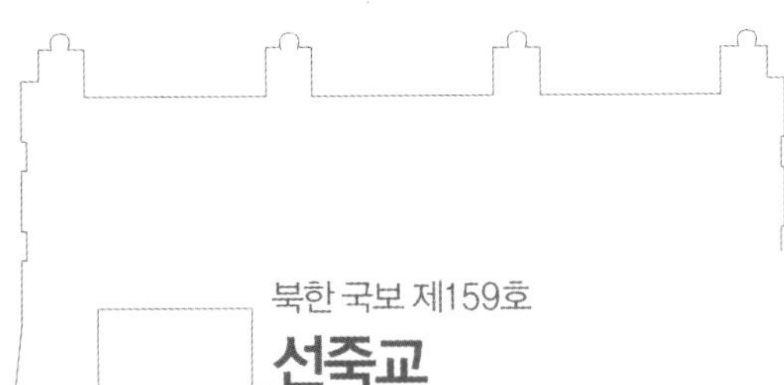

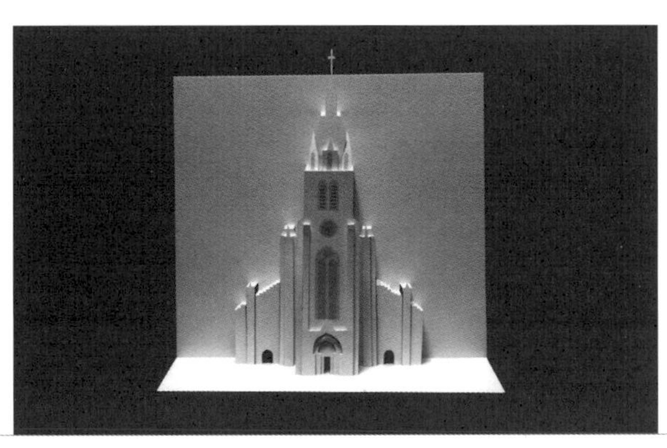

코스트(Coste) 신부가 설계하고 파리선교회의 재정지원을 얻어 1898년에 건립되었다. 우리나라 최초의 벽돌로 쌓은 교회이며, 순수한 고딕식 구조로 지어졌다. 공간의 고딕적 느낌은 외부보다 내부에서 더 강하게 주어졌다. 평면은 십자형이며 본당의 높이는 23m, 탑의 높이는 45m이다.

난이도 ★★★★★

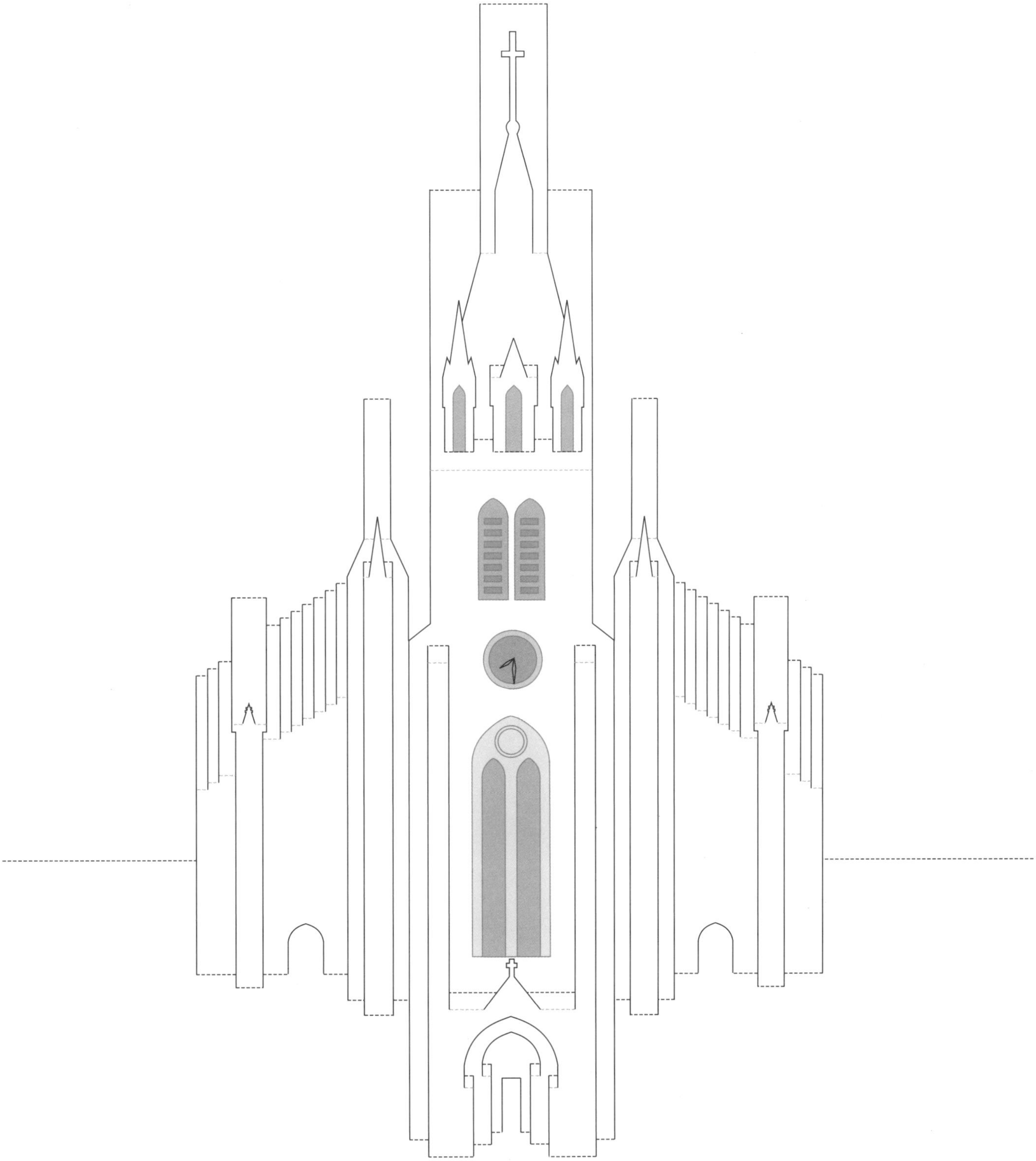

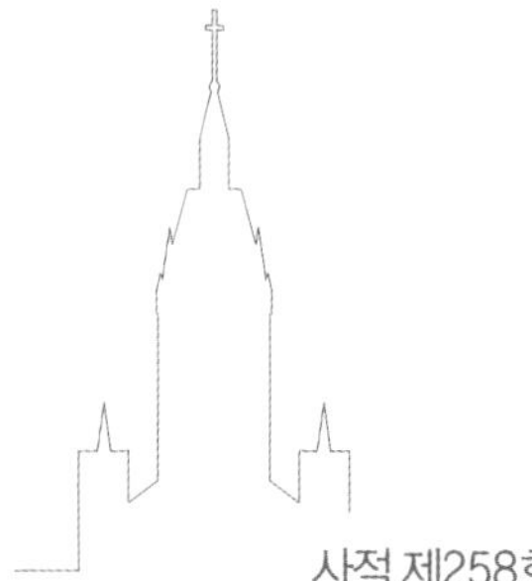

사적 제258호
서울 명동성당

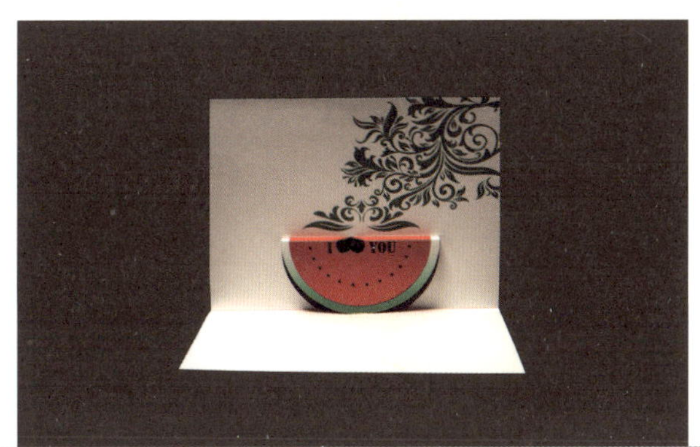

수박과 하트

세상에 수박만큼 겉과 속이 다른 과일은 없을 것이다. 겉은 초록의 싱싱한 한지 위에 검은 먹줄을 힘차게 펼치는 문인의 기상이 흘러넘치고, 속은 빨간 열정을 내뿜는 심장처럼 파닥거리는 것 같다. "당신의 심장을 먹고 내 심장이 뛰고 있습니다." 한입 먹고 싶은 팝업 카드이다.

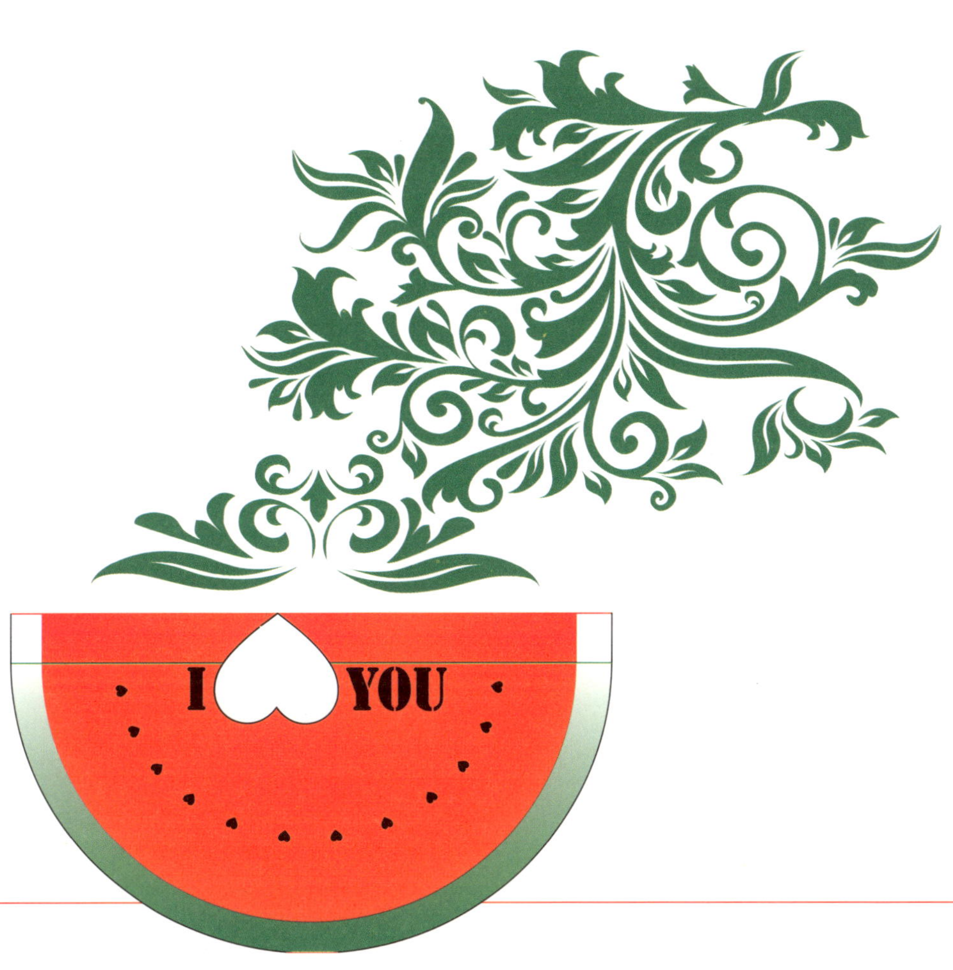

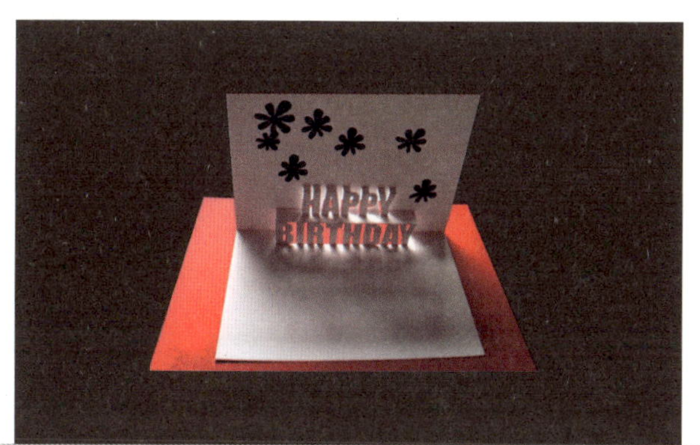

생일과 어머니

생일은 어머니의 날이다. 세상에 나가라고 떠밀어준 이가 바로 어머니이다. 비로소 엄마가 된 날이기도 하다. 열심히 응원해준 아버지도 있지만 어머니만큼은 아닐 것이다. 이날은 낳아주신 어머니에게 "절 낳아주셔서 고맙습니다"라고 해야 하지 않을까? 고생하신 어머니께 드리고 싶은 팝업카드이다.

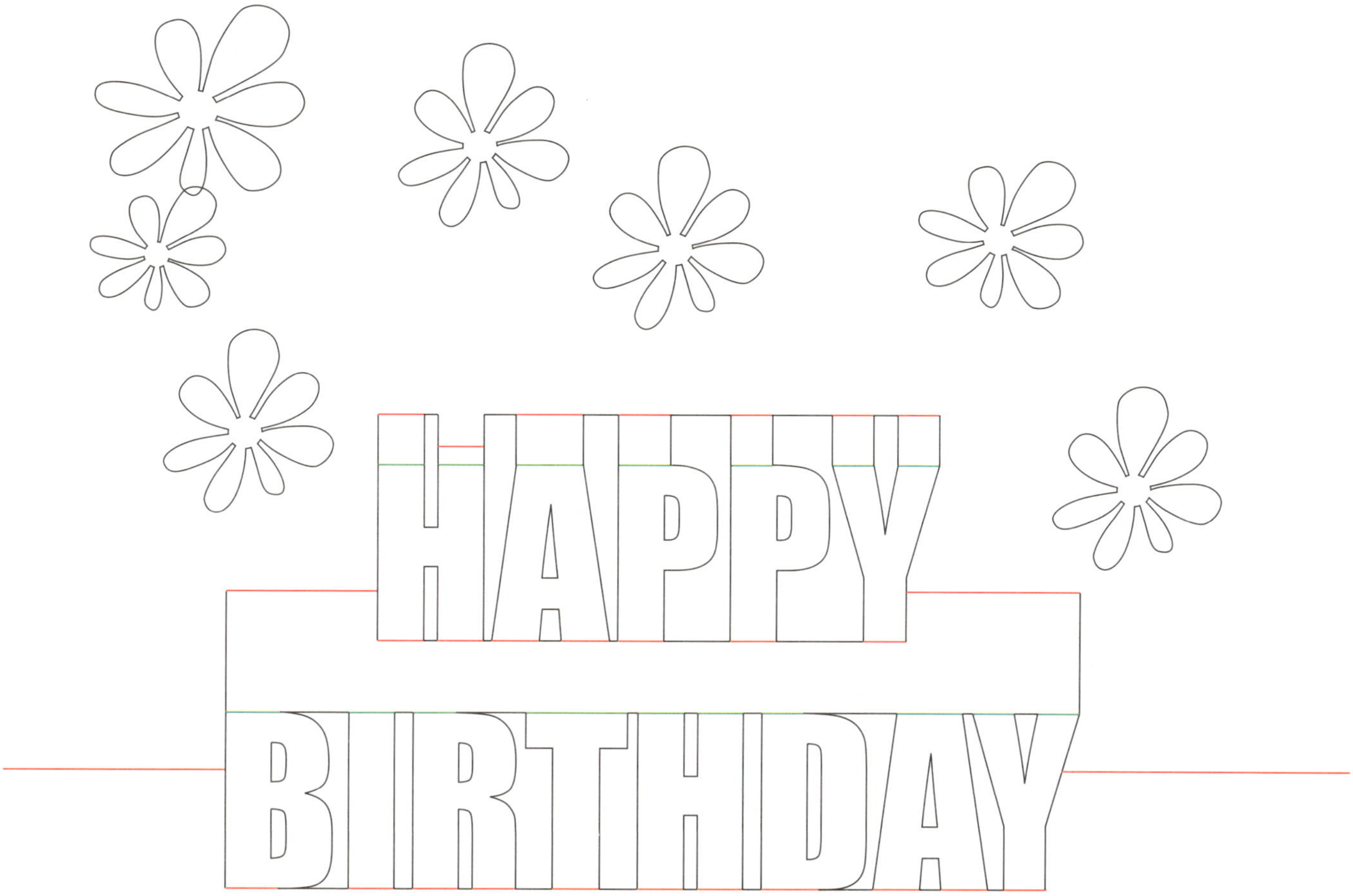

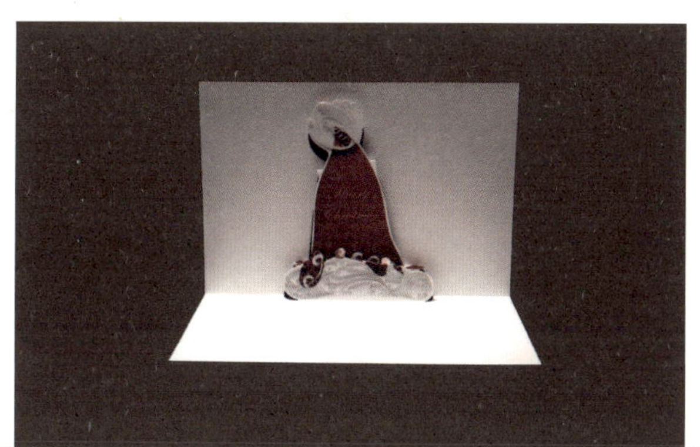

산타모자와 크리스마스카드

페이퍼 퀼링(paper quilling)기법(평면에 3D효과를 주기 위한 종이감기)을 이용한 종이 일러스트를 팝업카드에 적용시킨 것이다. 산타모자의 강렬한 색 대비는 누구나 쉽게 알아볼 수 있어 표현하는 방법이 어렵지 않다. 조명을 뒤에서 비추면 예쁜 크리스마스카드가 책상 위에 만들어진다. 메리 크리스마스!

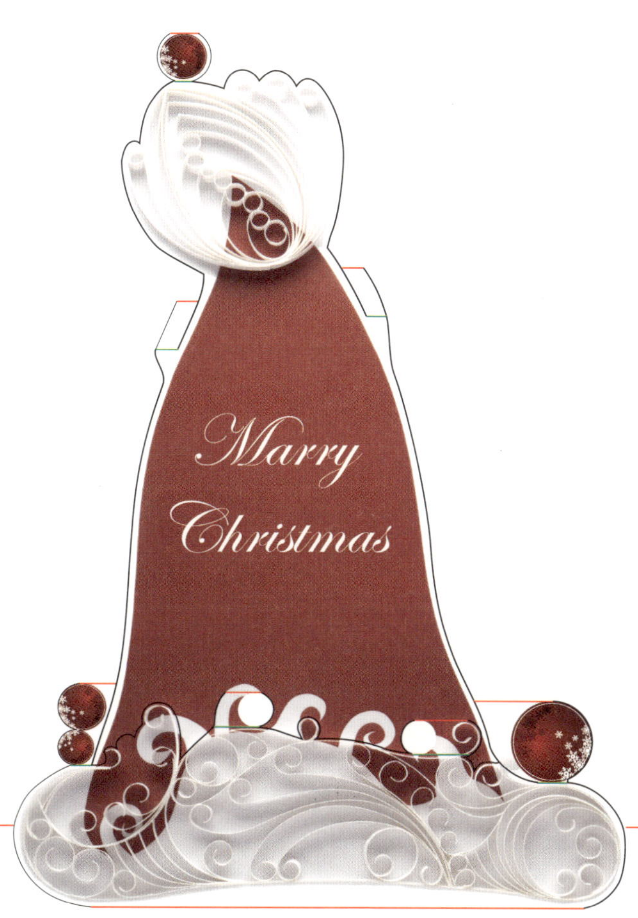

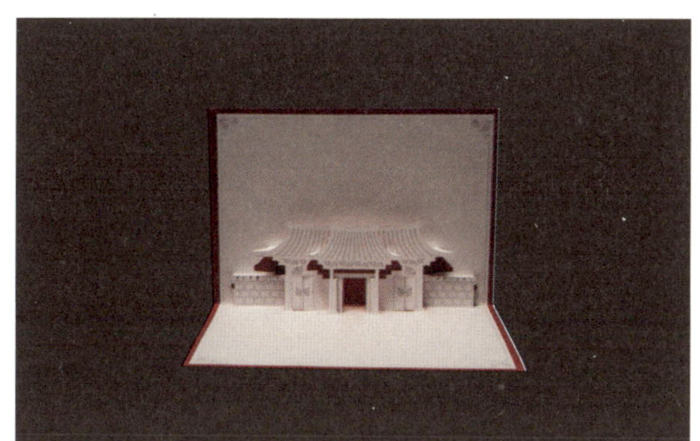

대문과 초대장

삼정승을 상징하는 3개의 대문을 활짝 열어놓았다. 대문을 활짝 열어놓는 것은 진심으로 열렬히 환영한다는 의미를 가지고 있으며 한국적 특징을 지니고 있다. 이처럼 이 팝업카드는 대한민국을 활짝 열어 세계로 가는 글로벌 시대의 카드이다. 대한민국, 파이팅!

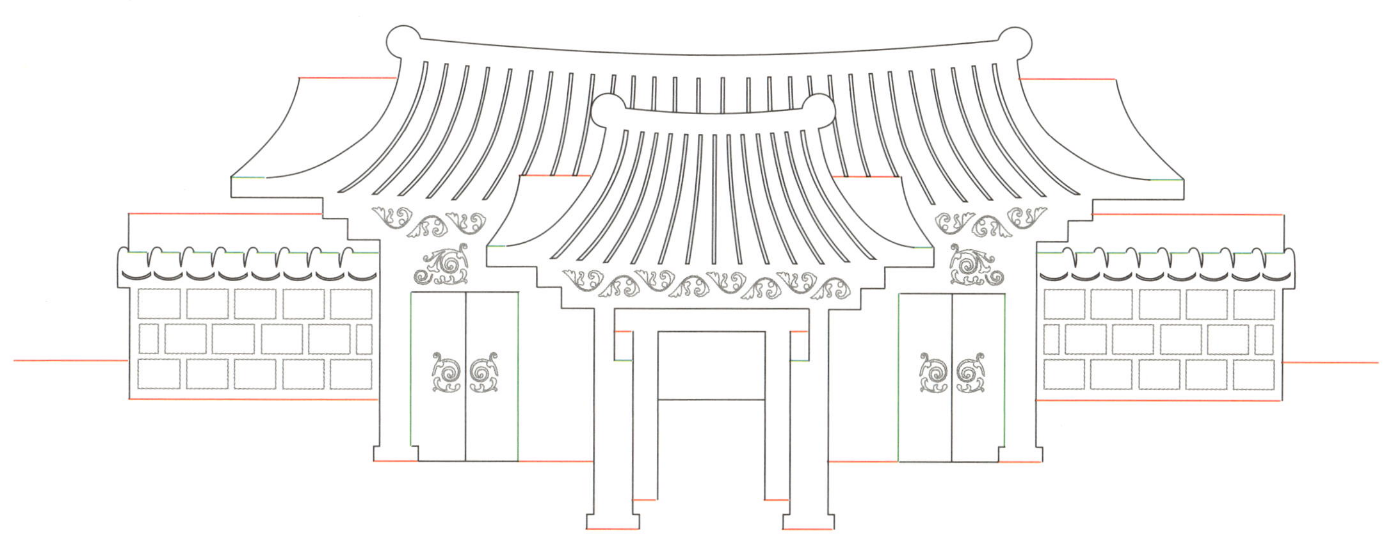

빈 과자상자로 팝업 응용하기

다 먹고 난 빈 과자상자는 얼마든지 아름다운 추억을 담을 수 있습니다.

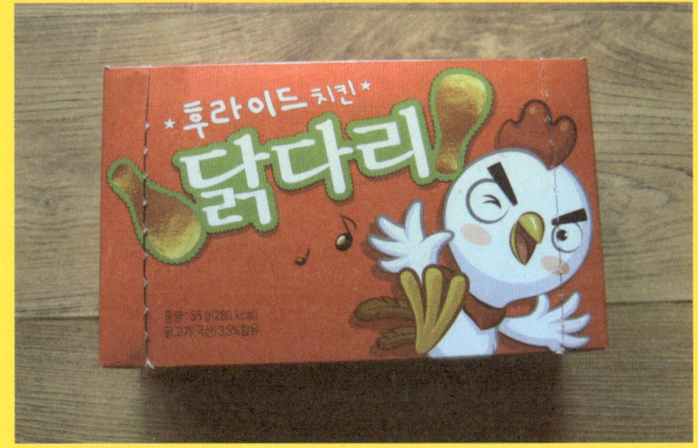

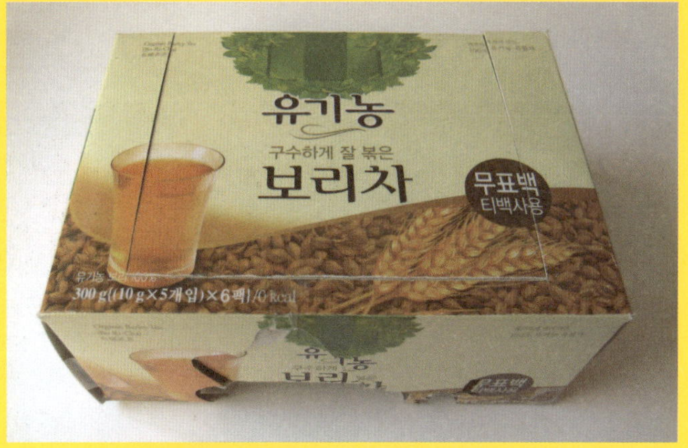

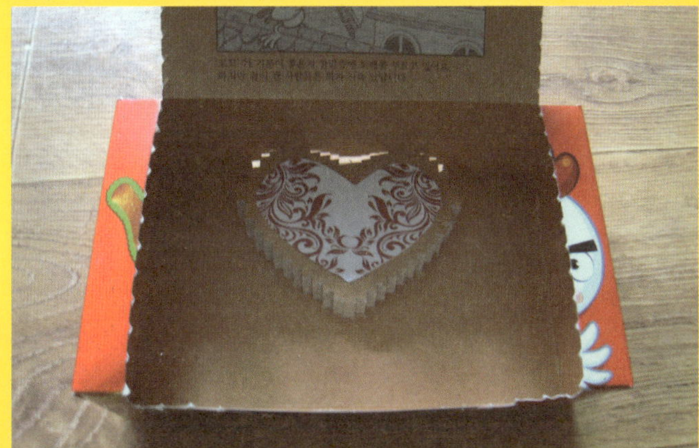

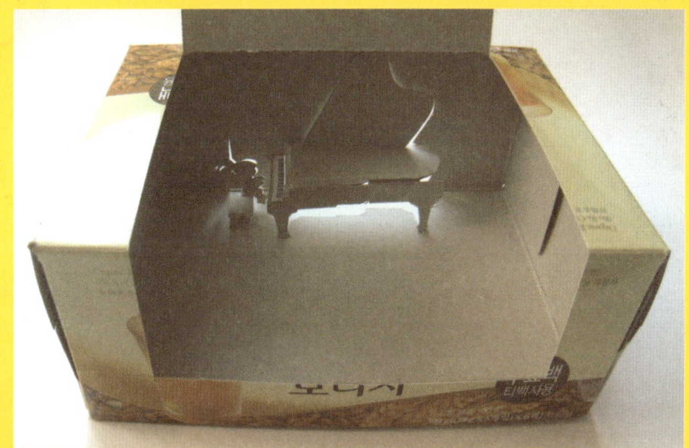

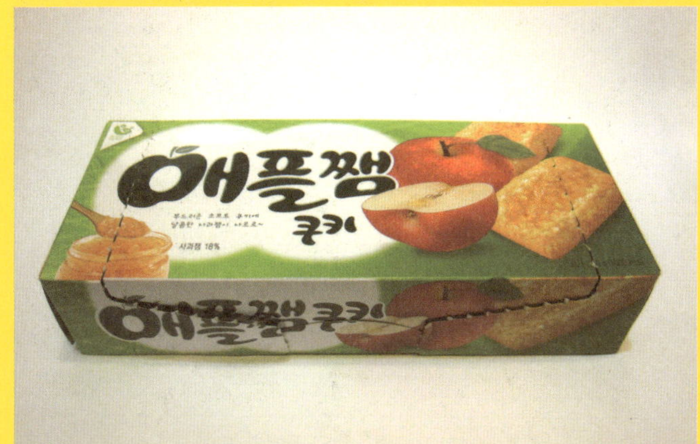

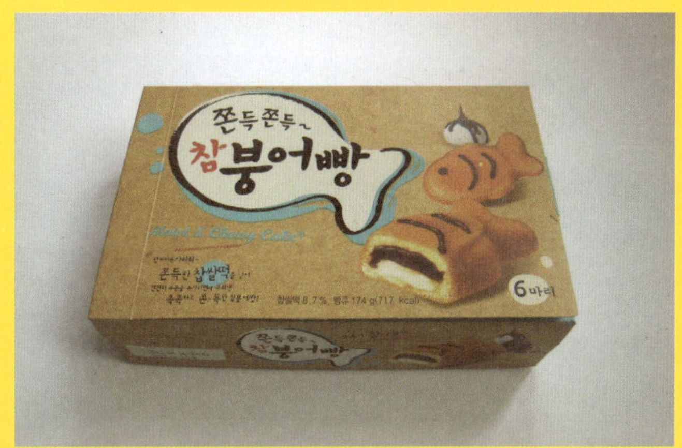

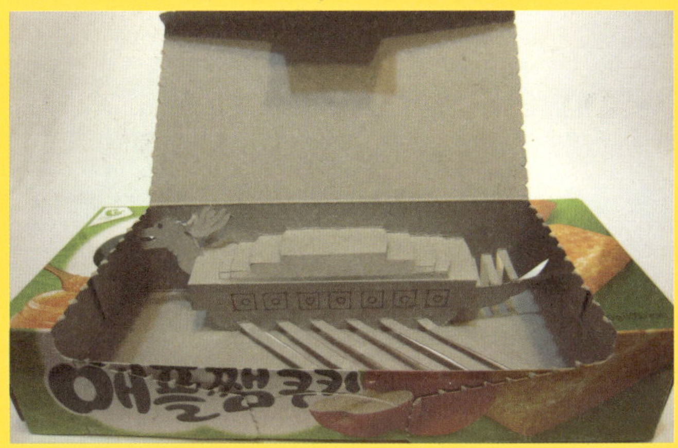

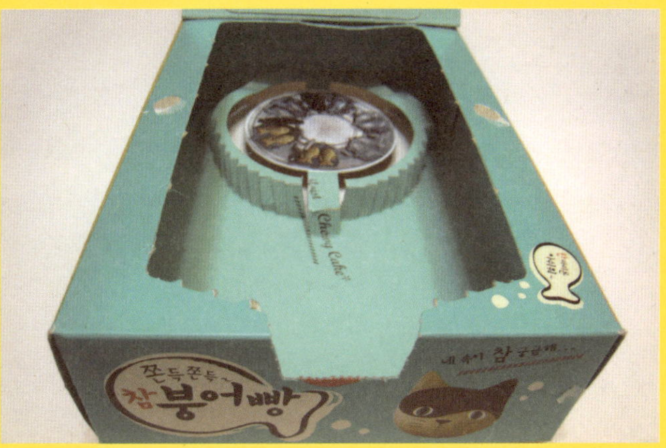

조명등에 비친 아름다운 팝업 작품

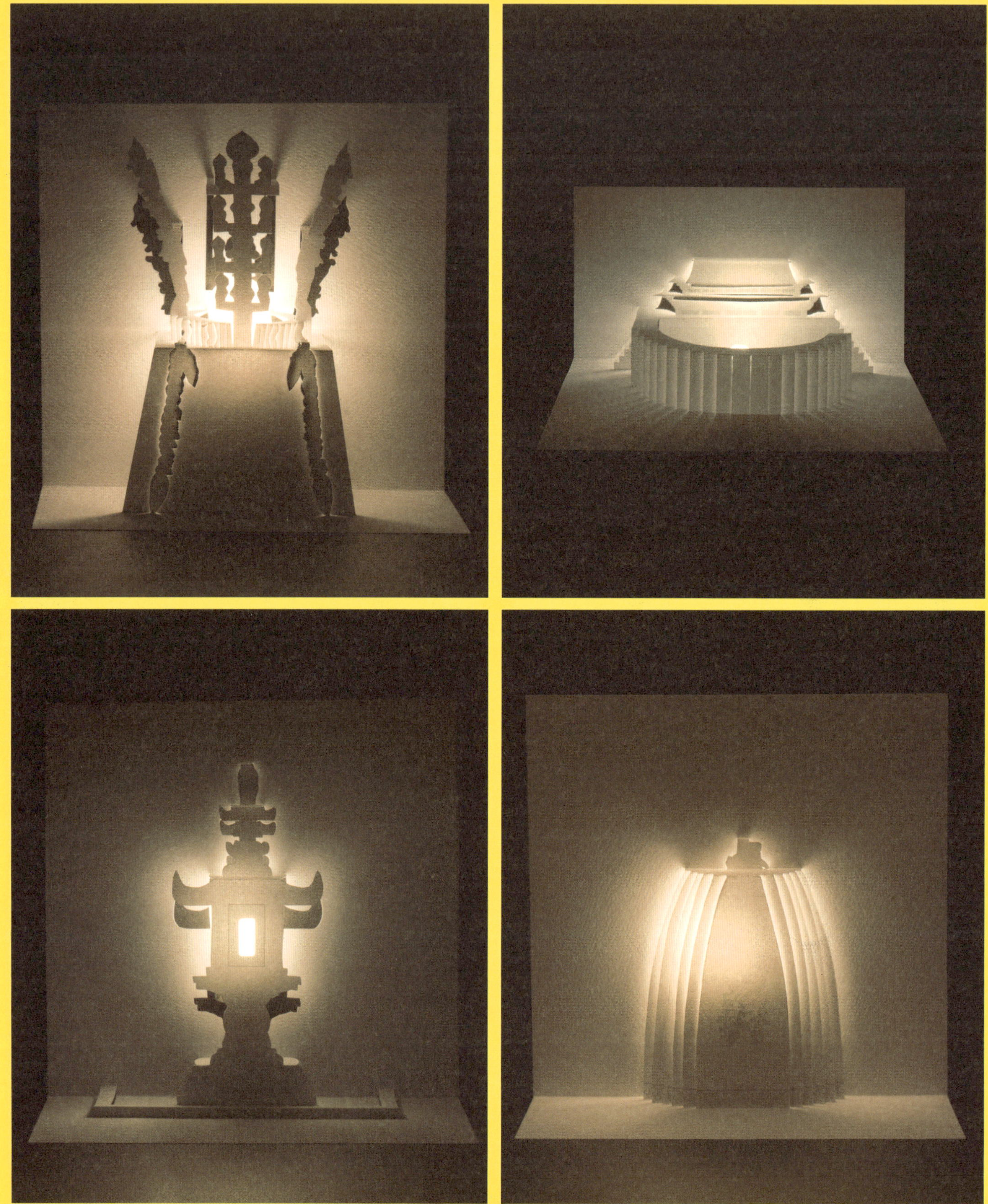

01	02	
03	04	05

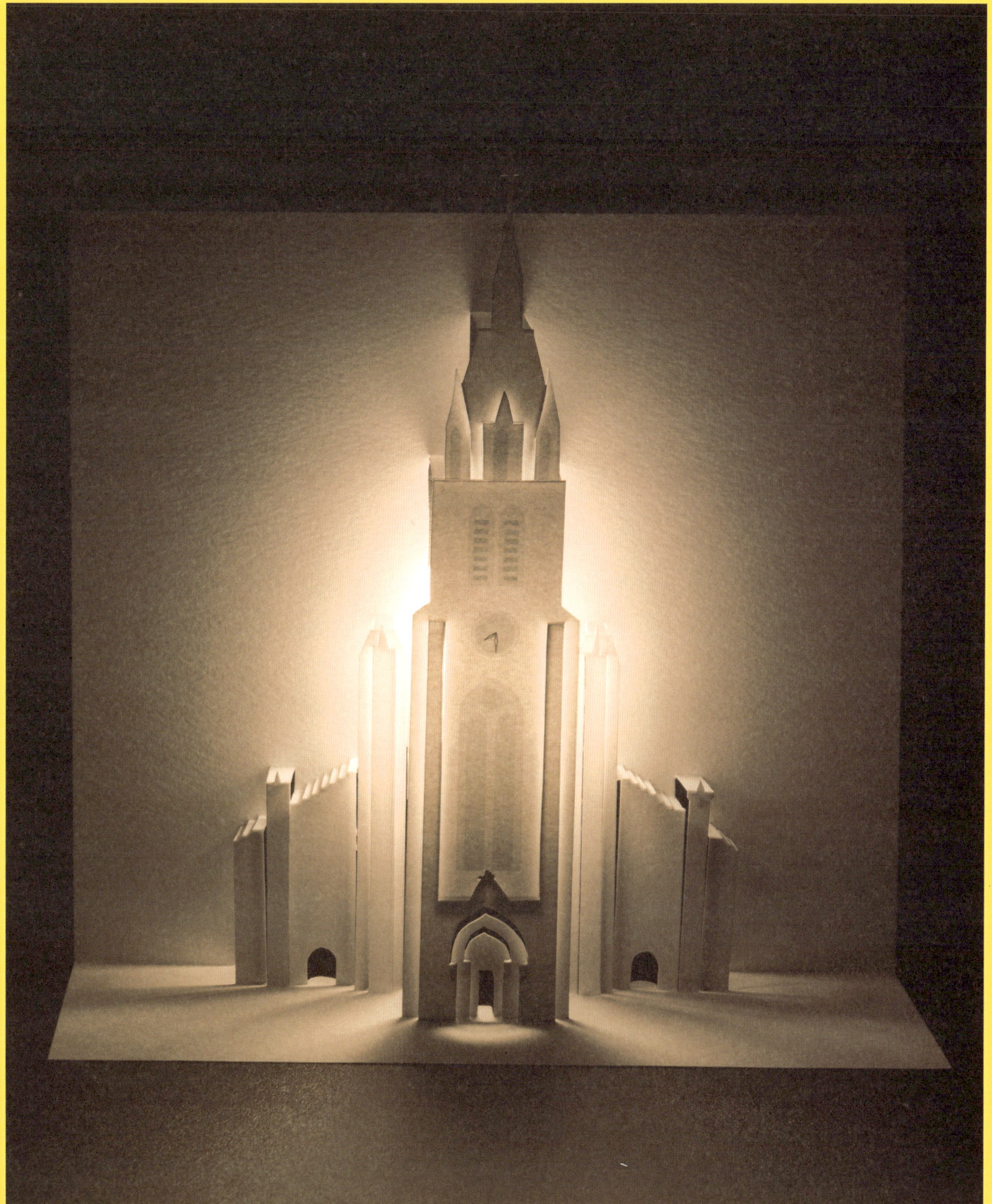

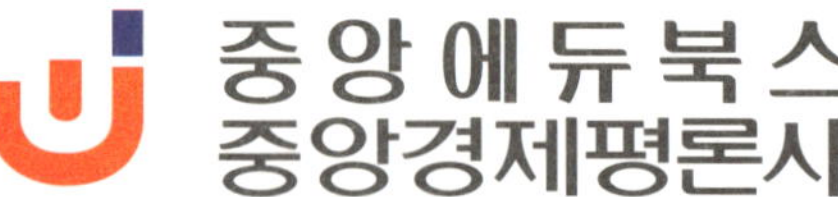

중앙에듀북스 / 중앙경제평론사

Joongang Edubooks Publishing Co./Joongang Economy Publishing Co.

중앙에듀북스는 폭넓은 지식교양을 함양하고 미래를 선도한다는 신념 아래 설립된 교육·학습서 전문 출판사로서 우리나라와 세계를 이끌고 갈 청소년들에게 꿈과 희망을 주는 책을 발간하고 있습니다.

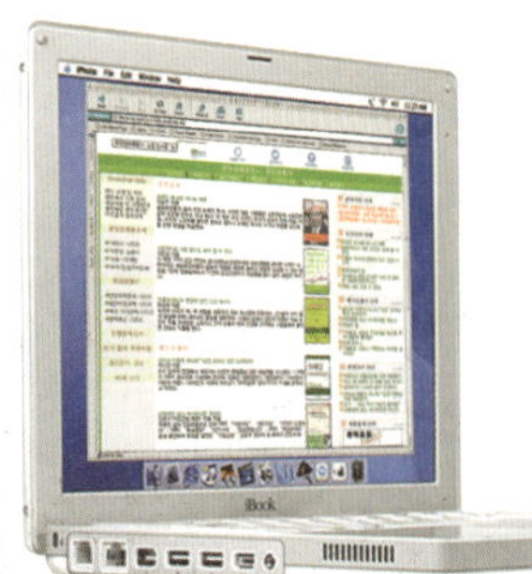

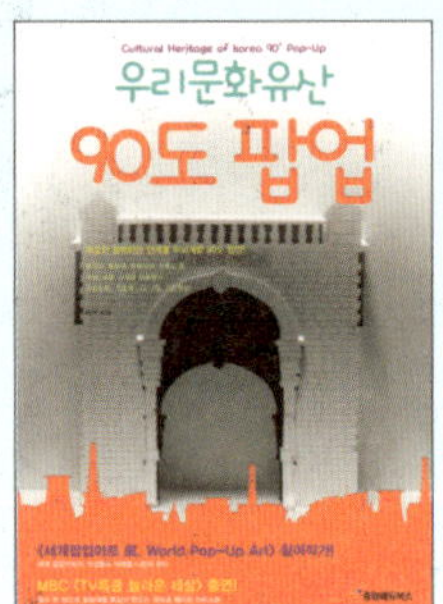

우리문화유산 90도 팝업

초판 1쇄 인쇄 | 2013년 4월 12일
초판 1쇄 발행 | 2013년 4월 17일

지은이 | 박석(Suk Park)
펴낸이 | 최점옥(Jeomog Choi)
펴낸곳 | 중앙에듀북스(Joongang Edubooks Publishing Co.)

대　　표 | 김용주
책임편집 | 한옥수
본문디자인 | 이여비

출력 | 현문자현　종이 | 한솔PNS　인쇄·제본 | 현문자현

잘못된 책은 바꿔드립니다.
가격은 표지 뒷면에 있습니다.

ISBN 978-89-94465-15-9(13630)

등록 | 2008년 10월 2일 제2-4993호
주소 | ㉾100-826 서울시 중구 다산로20길 5(신당4동 340-128) 중앙빌딩 4층
전화 | (02)2253-4463(代) 팩스 | (02)2253-7988
홈페이지 | www.japub.co.kr 이메일 | japub@naver.com | japub21@empas.com
♣ 중앙에듀북스는 중앙경제평론사 · 중앙생활사와 자매회사입니다.

▶ 홈페이지에서 구입하시면 많은 혜택이 있습니다.

중앙
북샵
www.japub.co.kr
전화주문 : 02) 2253-4463

※ 이 도서의 국립중앙도서관 출판시도서목록(CIP)은 e-CIP 홈페이지(www.nl.go.kr/cip.php)에서 이용하실 수 있습니다.(CIP제어번호: CIP2013001580)